LA

MUSE DES FAMILLES

« Nous avons lu avec beaucoup d'intérêt *la Muse des Familles*.
« Le succès de cette œuvre poétique, morale et religieuse ne peut
« être douteux, et nous réjouit d'autant plus qu'il doit être utile à
« la gloire de Dieu et au bien des familles. Nous ne perdrons donc
« aucune occasion de recommander cette publication et de féliciter
« ses lecteurs.

« Lyon, le 17 février 1857.

« J. BEAUJOLIN, vicaire-général. »

» J'ai lu avec un vif intérêt la publication mensuelle qui a pour
« titre : *La Muse des Familles*.

« Cette œuvre se distingue par la beauté de la versification,
« l'élévation des pensées et la pureté de la morale.

« 19 février 1857.

« PÉCOURIÉ,
« Inspecteur des cours spéciaux et des écoles
« communales laïques de Lyon. »

« La revue mensuelle, qui a pour titre : *La Muse des Familles*,
« nous a paru inspirée par un esprit profondément et sincèrement
« religieux. Nous faisons des vœux pour son succès.

« Lyon, le 28 mai 1858.

« L. PAGNON, vicaire-général. »

Ⓒ

LA

MUSE DES FAMILLES

JOURNAL BI-MENSUEL TOUT EN VERS INÉDITS.

ILLUSTRATIONS

MUSIQUE.

QUATRIÈME ANNÉE

LYON

IMPRIMERIE D'AIMÉ VINGTRINIER

Quai Saint-Antoine, 35.

1860

APOLLON ET LA MUSE.

Dédié aux collaborateurs et aux lecteurs.

« La poésie est l'ange gardien de
« l'humanité à tous ses âges. »
LAMARTINE.

I.

Apollon, dieu du jour et de la poésie,
A quitté sa retraite, entre toutes choisie,
Delphe, où jadis parlait l'oracle de Daphné.
Il fuit ces bords déserts, son temple abandonné !
Des nymphes de Délos il regrette les charmes ;
Sur les Muses, hélas ! le Dieu verse des larmes,
Car ses filles n'ont plus d'encens pour leurs autels ;
Crésus et Marsyas règnent sur les mortels !...
Il va ! — L'écho d'Hémus, de Smyrne et de Riphée,
Veuf du divin Homère et veuf aussi d'Orphée,
Ne fait plus retentir dans l'épaisseur des bois
Les sons harmonieux de la lyre aux sept voix.

Sous les pins de l'Ida les nymphes bocagères
Ne forment plus les nœuds de leurs danses légères ;
Amphion ne rend plus que des vers gémissants ;
Pan lui-même a brisé ses roseaux impuissants !
Et Phœbus, irrité, poursuit sa course errante.
Il a vu de Tempé la vallée odorante,
Et sur l'Hébrus neigeux tristement s'est assis,
Sans trouver le repos pour ses jours obscurcis.

« O monts Thessaliens, que ma flûte sonore
« Enchantait autrefois, que ne vous vois-je encore ?
« La paix et le bonheur habitaient ces beaux lieux,
« J'avais presque oublié mon rang parmi les dieux.
« Souvent, aux doux accords de ma lyre d'ivoire,
« Les bergers accouraient, suspendant leur histoire,
« Et le vent du feuillage, heureux de mes accents,
« Égarait, loin de nous, ses soupirs frémissants.
« Je vous fuis, maintenant, retraites désolées,
« Dieu vainqueur de Python, je vous fuis, ô vallées,
« Montagnes et forêts vous ne m'entendrez plus
« Vous redire mes vers désormais superflus !
« Je vais chercher ailleurs la terre hospitalière,
« La nouvelle Sicos, aux Muses familière,
« Où, du triste abandon, je ne me plaindrai pas...
« Mais, en quittant ces lieux, où donc porter mes pas ? »

Et le fils de Latone, inquiet, se lamente.
Il a vu l'Ilissus et les bords d'Erymanthe ;
Au tombeau de Virgile il est venu s'asseoir ;
Hélas ! aucune main ne tenait l'encensoir !

II.

Mais voilà que, du sein d'une contrée antique,
Où le rhéteur encore, errant sous le Portique,

De disciples nombreux se voit environné,
Comme autrefois Platon, de gloire couronné,
Lyon, noble cité, des beaux-arts amoureuse,
Ville que le destin bâtit pour être heureuse,
Il entendit soudain s'élever une voix,
Douce comme le son du cor au fond des bois,
Ou le chant du pêcheur que la barque promène
De Naple à Portici, de Sorrente à Misène ;
Et la voix, s'inspirant des vierges du vallon,
Chantait cet hymne saint à Phœbus Apollon :

Je suis la *Muse des Familles*
Éclose un matin de printemps,
Comme un vert bouton des charmilles
Qui s'ouvre à l'abri des autans !
Je suis la douce messagère
De tes enfants à leur essor,
Et c'est, dans leur course légère,
Moi qui garde ton trépied d'or !

Comme la diligente abeille
De parfums compose son miel,
De fleurs je remplis ma corbeille,
Fraîches des sourires du ciel.
Le front couronné de verveine,
De tamarin et de lauriers,
Je vais, consolante et sereine,
M'asseoir près de tous les foyers !

Je suis le temple où chaque Muse
Apporte son tribut d'amour.
Aucun poète ne refuse
De célébrer le Dieu du jour ;
Si la gloire fut le partage
Des grands, parmi tous tes élus,
J'ai ma part dans leur héritage,
Car à moi leurs fils sont venus.

Ici, la plaintive Élégie
Pleure ses douleurs, et, plus loin,
L'Ode chante, austère vigie,
Les hauts faits dont elle est témoin.
Là, frondeuse et nous faisant rire,
De son aiguillon punisseur,
Gronde la piquante Satire,
Auprès de l'Epitre, sa sœur !

Là, d'un enfant c'est la prière
Au Dieu que tu ne connais pas ;
Près d'un berceau, la jeune mère
Chante, prie et parle tout bas.
Comme ces illustres poètes
Dont tu dictas les nobles vers,
« *J'ai des chants pour toutes les fêtes,*
« *Des larmes pour tous les revers.* »

C'est ainsi qu'avec assurance
Sous ton égide je parcours
Les sentiers où naît l'espérance,
Et je recommence mon cours !
A ma voix la troupe fidèle

Revient, joyeuse, sur mes pas,
La Poésie est toujours belle,
Elle s'endort, mais ne meurt pas !

. . . .

III.

Et Phœbus, enivré d'ineffables douceurs,
Remonta vers l'Olympe, au milieu des neuf sœurs !

Léon Gontier.

LE 31 DÉCEMBRE.

Encore un an de plus inscrit au front des âges,
Encore douze mois sur le monde ont passé.
Un autre an va paraître avec d'autres orages ;
Ainsi s'enfuit le temps par le temps effacé.

C'en est fait, l'heure sonne... adieu la vieille année,
De janvier l'aube pâle ouvre le premier jour ;
Déjà la jeune fille, au bonheur d'hyménée,
Rêve et voit devant elle un avenir d'amour.

C'est pour tous l'âge d'or que cet an qui commence ;
Que de vœux, de souhaits chacun forme en son cœur !
L'avenir sur son aile apporte l'espérance,
Et chaque instant nouveau nous promet le bonheur.

Pour l'enfance, surtout, ce jour est une fête,
Il nous rappelle à tous de fortunés moments,
Mais bientôt l'âge mûr s'abat sur notre tête,
Et tout change à nos yeux, même nos sentiments...

Le malheureux qui souffre en ce beau jour respire,
Le juste dans son cœur espère en priant Dieu,
Le méchant au prochain ne cherche plus à nuire,
Et l'honnête homme enfin voit tout mis en son lieu.

F. Flamant.

A MADAME ALBERT BAZARD,

à Trouville.

Au milieu des sites sublimes,
Parmi ces eaux, ces bois, ces cimes,
Mesurés au divin compas,
Devant ces merveilles vivantes
Qu'un grand artiste aux mains savantes
A voulu semer sur vos pas;

Au pied des falaises ardues,
Lorsqu'au bruit des eaux éperdues
Vous vous égarez en rêvant,
Lorsque parfois votre pensée
Flotte mollement balancée
aux douces caresses du vent;

N'avez-vous pas avec tristesse
Songé de la chère Lutèce
Où les soirs sont si tôt passés,
Et comme en un lointain mirage
Vu soudain paraître l'image
De ceux que vous avez laissés?

N'est-il pas au fond de votre âme
Quelque mouvement qui réclame
Nos débats d'esprit animés,
Et qui parfois dans le silence
Vous demande une souvenance
Pour les loisirs que vous aimez?

Dans le nuage ou l'hirondelle
N'est-il donc rien qui vous rappelle

Tous ces causeurs abandonnés ?
Oubliez-vous, belle amazone,
Les grandes colonnes du trône
Près du salon où vous trônez?

Ne pouviez-vous dans un message
Comme une fée à son passage,
Sème les fleurs de son bouquet,
Nous envoyer de vos pensées
Naïvement entrelacées
Sous le pli du velin coquet?

Il nous faut, noircie avec grâce,
La page où votre doigt retrace
Périls à vaincre ou surmonter!
Les rails, les cahots, les alarmes !
Récits terribles, pleins de charmes
Pour qui les entend raconter !

Ou si le voyage commode
N'a pas eu le moindre épisode
Qui vous fit trembler ou souffrir,
Dites-nous ces belles campagnes,
Et, sur le penchant des montagnes,
Les frais sentiers à parcourir.

Dites-nous la simple chaumière,
Et le chalet et la fermière,
Les lacs et les matins brumeux,
Et leur champêtre architecture,
Et leur pittoresque nature,
Et la mer aux flots écumeux.

Dites-nous la barque captive
Vous emportant loin de la rive,
Et tous les dieux des flots amers ,
Qui fendant la vague profonde
Vous escortaient du sein de l'onde ,
Comme Amphitrite sur les mers.

Ou plutôt accourez bien vite!
L'époux absent qui vous invite
Du chemin ferait la moitié ;
Et songez, quand ma voix vous presse ,
Qu'en retournant à la tendresse ,
Vous revenez pour l'amitié.

J. Lesguillon.

A UN VOVAGEUR (1).

Suave, mari magno, turbantibus æquora ventis,
E terra magnum alterius spectare laborem.
(Lucrèce , Chant II).

La terre a pris, ce soir, son froid manteau d'albâtre ;
Le sonore grésil bondït sur mes volets ;
Mais la porte est bien close ; un bon feu rit à l'âtre.
Qu'il est doux de rêver les pieds sur ses chenets !

En vain la neige tombe ; en vain contre ma porte
S'acharnent les frimas et les vents déchaînés ;
C'est quand le vent gémit, quand la tempête est forte,
Qu'il est doux de rêver, les pieds sur ses chenets !

Parfois je songe à ceux que ballotte l'orage.
D'une mer en fureur misérables jouets ,

(1) *Voyage pittoresque en Californie et au Chili* , par M. Ch. de
Lambertie.

Peut-être disent-ils, en cherchant le rivage,
« Qu'il est doux de rêver, les pieds sur ses chenets ! »

Et moi, comme eux aussi, j'ai fait de longs voyages.
Leurs maux, j'y compatis, car je les ai soufferts.
J'ai scruté bien des cieux, j'ai foulé bien des plages,
Et jeté mes soupirs aux flots de bien des mers.

La mer ! la mer sans fin, sans fond ! la mer immense !
Qu'elle est belle aujourd'hui ! que son murmure est doux !
Quel calme ! quelle paix !... Mais écoutons... silence !...
Le lion s'est levé, le lion en courroux.

Il secoue en grondant son humide crinière ;
Son souffle impétueux soulève avec les flots
Le navire aux grands mâts, comme un grain de poussière.
Mon Dieu ! prenez pitié des pauvres matelots !

Ah ! que de fois — spectacle effrayant et sublime —
Avec stupeur j'ai vu le gouffre s'entr'ouvrir,
Et, d'un œil inquiet interrogeant l'abîme,
J'ai cru que c'était l'heure où tout allait finir !

Mais Dieu levait son bras ; et soudain, à ce signe,
Le monstre se calmait, souple et docile enfant ;
Et, comme sur un lac un majestueux cygne,
Le navire voguait, rapide et triomphant.

Quand le sol est couvert d'un froid manteau d'albâtre,
Quand le bruyant grésil bondit sur les volets,
Si dans la chambre close un bon feu rit à l'âtre,
Qu'il est doux de rêver les pieds sur ses chenets !

Du vieil Adamastor j'ai franchi le royaume,
Ce jour-là, sous mes pas l'Océan s'enflamma ;
Et je vis devant moi se dresser le fantôme
Qu'a souffleté jadis le glaive de Gama.

J'ai vu — nids d'Alcyons qui flottaient sur les ondes —
Folkland, le Port-Famine et la Terre-du-Feu,
Bois sombres, rocs affreux, régions infécondes,
Où tout — l'homme et le sol — semble maudit de Dieu.

Dans ce vallon fermé de riantes montagnes,
Au souffle du zéphyr, sous un ciel enchanté,
Voyez Valparaiso, la fille des Espagnes,
S'épanouir là-bas, comme une fleur d'été !

Santiago se souvient de la mère patrie,
Aime l'oisiveté, les combats de taureaux,
Dans les jeux et l'amour passe gaîment sa vie,
Et s'endort en chantant au bruit des boléros.

C'est la Californie, opulente contrée
Qui recèle en son sein un immense trésor,
Et, par d'avides bras sans cesse déchirée,
Voit de ses flancs ouverts couler des fleuves d'or.

Croyant atteindre ici leur ardent météore,
Vingt peuples sont venus — aveuglement fatal ; —
Ils fouillent sans repos un sol qui les dévore,
Et s'égorgent entre eux pour un grain de métal.

Ils sont là-bas ; et moi, dans ma chambre bien close,
Derrière un paravent et des rideaux épais,
Je dis, en écrivant ces vingt lignes de prose :
« Qu'il est doux de rêver les pieds sur ses chenets ! »

Eh bien ! le vieux géant, ces îles, la tempête,
Les chercheurs d'or, ces monts, ces cités, ces forêts,
Ces mers, je les ai vus, ô voyageur-poète,
En vous lisant un soir, les pieds sur mes chenets !

Louis Audiat.

LE ROITELET ET LES ROSSIGNOLS.

Apologue.

Un jour, loin de son nid, un pauvre roitelet
  Prit son essor, désirant se produire ;
Il pensait qu'il fallait voyager pour s'instruire.
Tandis qu'à travers champs au hasard il allait,
    Il arriva près d'un bocage
Où plus d'un rossignol, en suaves accords,
D'une gamme savante étalait les trésors.
    A ce mélodieux ramage
  Le roitelet, perdu sous le feuillage,
    Prêtait l'oreille avec plaisir,
  Il oubliait ses projets de voyage ;
    Vivre dans un tel voisinage
    Était devenu son désir.
Mais sa timidité lui suggérait la crainte
    D'être traité comme un intrus
    S'il pénétrait dans cette enceinte
Interdite sans doute aux hôtes inconnus.
Aussi ce fut pour lui faveur inespérée
    Que de voir, comblant tous ses vœux,
  A leurs concerts lui donnant droit d'entrée,
  Les rossignols l'admettre au milieu d'eux !

Je suis ce roitelet ; c'est par faveur insigne
Que vous m'avez, Messieurs, accueilli, quoique indigne.
Comme vous, rossignols, je ne sais pas chanter ;
Mais, en vous admirant, j'aime à vous écouter !

CHERVIN, aîné.

Lu à la Société littéraire de Lyon,
séance du 21 décembre 1859.

SUR L'ALBUM DE MADAME X***

Si vous aimez la haute et noble poésie,
Madame, et le grand style, et la rime choisie,
Pour la moisson mes vers ne sont pas mûrs encor !
D'autres pourront donner à votre gerbe d'or
    Un parfum d'ambroisie !

Laissez-moi seulement dans votre album coquet
—Comme on laisse aux passants les restes d'un banquet—
La place la plus humble et la plus ignorée,
Et ma muse joindra, soumise et timorée,
    Un brin d'herbe au bouquet !

Mais si vous demandez, comme on demande un gage,
Une amitié constante, un sincère langage,
Un dévoûment réel... Je mérite à coup sûr
Le feuillet le plus beau, le vélin le plus pur
    Et la première page !

Karl DACLIN.

SECOURS MUTUEL.

A mon ami Prosper Delamare.

Dans l'hôtel, où la gloire aujourd'hui se retire,
Trop pauvre pour briller en ce siècle d'argent,
Se trouvent deux débris des guerres de l'Empire.
L'un était colonel, l'autre simple sergent.
Le premier, à la fin d'une rude campagne,
A perdu pour toujours l'usage de ses yeux;
Le second a laissé son bras gauche en Espagne,
Le droit à Waterloo, tombeau de tant de preux !

Depuis deux mois à peine admis aux Invalides,
Le vieux sergent errait, un jour, dans les jardins.
Le cœur plein de regrets, les paupières humides,
Il se disait que là finiraient ses destins.

Il pensait au village, où jadis jeune fille,
Berthe la couturière, en recevant son cœur,
Avait fait naître en lui l'espoir d'une famille.
L'espoir s'était enfui comme un songe trompeur!

Il se trouva bientôt près d'un buisson de roses :
Ces fleurs lui rappelant son plus doux souvenir,
(Ce n'était pas pour lui qu'elles étaient écloses!)
Il eut un fol élan qu'il ne put retenir,
Hélas! son bras, privé d'une main nécessaire,
Retomba sans avoir atteint jusques aux fleurs.
Alors comme un enfant qu'on ne peut satisfaire,
Il trépigna des pieds, et versa quelques pleurs.

Et comme le désir s'accroît de l'impuissance,
Il essaya vingt fois de prendre avec les dents
La fleur qu'il convoitait; mais vaine persistance,
La rose voltigeait aux caprices des vents.
Attentif à ce bruit troublant sa solitude
Un aveugle écoutait derrière le buisson.
A la fin il demande avec inquiétude
Qui vient le déranger sans nulle autre façon.

Soudain, à cette voix, qui lui semble connue,
Le vieux sergent s'approche, et prêt à s'excuser,
Il sent que quelque chose en secret le remue :
— « Tiens, c'est mon colonel, je ne puis m'abuser.
« Eh! quoi? vous en ces lieux? Ah! je commence à croire
« Qu'ici vient aboutir tout soldat généreux
« Et que triste est le but où vient finir la gloire.
« N'importe, je vous vois, et je me sens heureux.

« Qui donc me parle ainsi? Je ne puis vous connaître:
« Je n'y vois pas, Monsieur. — Colonel, c'est Francart,

« Le sergent que dix fois vous avez fait paraître
» A votre ordre du jour; vous m'appeliez Flambart.
— Oui, oui, je m'en souviens ; ta main, que je la presse,
— Pardon, excusez-moi, colonel, je ne puis...
— Voyons, ne suis-je plus le père la Tendresse
Pour les braves soldats qu'autrefois j'ai conduits ?

— Oh! c'est trop de bonté, mais, vrai, c'est impossible.
— Allons, point de façons... Ce refus est cruel.
— Tenez, je vais pleurer.. vous me rendez sensible...
Mes mains ne peuvent plus répondre à votre appel.
— Enfin que veux-tu dire ? — Ah! colonel, je pleure...
— En me serrant la main, Flambart, console-toi.
— Merci, mon colonel ; mais je suis à cette heure,
Manchot de mes deux bras ! — Eh! bien, embrasse-moi!

Alors sur chaque joue, humide de ses larmes,
Le colonel sentit claquer un fort baiser.
Puis sur le même banc les deux compagnons d'armes
Comme de vieux amis se mirent à jaser.
Ils dirent à l'envi toutes leurs aventures.
Avant de s'éloigner l'aveugle demanda :
— Que faisais-tu tantôt? Pourquoi tous ces murmures ?
A cette question Flambart s'intimida.

— Ah! ne m'en parlez point, c'était trop ridicule;
Je voulais l'impossible. — Un soldat comme toi
Jamais devant ce mot ne s'émeut, ne recule.
— Pardon, mon colonel, vous vous moquez de moi.
Quand on est au complet je crois qu'on peut tout faire,
Au moins tout essayer... mais ainsi démembré...
Vous conviendrez que c'est une tout autre affaire?
Aussi, c'est bien en vain que je me suis cabré.

—Voyons, que voulais-tu?—Parbleu, cueillir des roses !
Mais manchot des deux bras je n'avais que mes dents.
(Ce n'était pas pour moi qu'elles étaient écloses !)
Vous voyez, colonel, que j'étais bien dedans?
Le colonel sourit à la plaisanterie.
— Si je pouvais y voir j'irais te les cueillir.
— Merci, mon colonel. — Voyons, sans raillerie ;
Nous pouvons, à nous deux, lutter sans défaillir.

— Prête-moi ton épaule, et tu vas me comprendre,
Marche à côté de moi.. C'est bien ; où sont les fleurs?
— Ici, mon colonel. — Donc nous allons les prendre.
—Ah! j'y suis, colonel, vivent les sept couleurs !
—Tu parais en douter, esprit fort, incrédule?
— Pas du tout — Sois mes yeux, et je serai ton bras.
Est-ce à gauche ? Est-ce à doite. ? — Ah! je bois la pilule,
Vous aviez bien raison, et, j'emboite le pas.

—La voilà cette fleur ; tu ne pouvais l'atteindre,
Et tu te désolais comme un enfant gâté.
C'est ainsi que toujours l'homme se trouve à plaindre
Quand tout ne lui vient pas comme il l'a souhaité.
A côté de tout mal Dieu sut mettre un remède,
Il ne laisse jamais un homme sans appui,
Mais choisit son moment pour lui venir en aide.
— Ah ! mon cher colonel, je le vois aujourd'hui.

—Puisque tu comprends bien ces leçons salutaires,
Qu'une société de secours mutuel
Soit entre nous ; que, l'un de l'autre tributaires,
Nous ne manquions jamais au fraternel appel.
Tandis que par tes yeux je verrai dans ma vie,
Toi, tu pourras agir à l'aide de mes bras.

A bien des gens encor nous pourrons faire envie ;
Car bien des gens entre eux ne se secourent pas.

Ainsi, depuis ce jour, complétés l'un par l'autre,
Colonel et sergent se font société
Fidèles au précepte émané de l'apôtre :
On ne peut se sauver que par la charité.
Quand le soleil, du ciel sourit à la nature,
On est sûr de les voir tous deux se promener
En foulant les tapis d'une riche verdure,
Et rien de leur chemin ne peut les détourner.

Quand le temps est mauvais, dans la bibliothèque
Ils trouvent des amis toujours prêts, toujours sûrs ;
César, Platon, Virgile, Epictète et Sénèque,
(Quelques-uns, il est vrai, pour Flambart bien obscurs.)
Mais la lecture, objet de leur chère manie
Et que toujours Flambart comprend sans grand effort,
Est celle du héros dont l'immortel génie
Luit sur le monde ainsi qu'un phare sur le port.

D'ici regardez-les. Quel plus touchant spectacle ?
L'aveugle tient le livre ouvert devant les yeux
Du manchot, qui peut lire alors sans nul obstacle.
Vraiment, en les voyant on doit bénir les cieux.
Isolés l'un de l'autre, ils ne pourraient pas vivre ;
Réunis au contraire, ils bravent le malheur.
Vous qui voyez l'exemple essayez de le suivre,
C'est par la charité qu'on arrive au bonheur.

Sid. BARRAGUEY.

A L'ANNÉE 1860.

Fugit irreparabile tempus.

Un an vient de tomber dans l'océan des âges,
Comme une goutte d'eau dans les mers sans rivages,
Comme on voit, soulevé par le vent des déserts,
Le léger grain de sable emporté dans les airs.
Cet agile vieillard qui dévore l'espace,
S'enfuit, et les instants se perdent sur sa trace,
Le Temps, que rien n'arrête en son rapide cours,
Dans l'abîme éternel précipite les jours.
Tout tombe autour de nous, et nos belles années
Par la faux homicide, hélas ! sont moissonnées.
L'illusion s'efface, et laisse en notre cœur
Le deuil et le chagrin, le vide et la douleur !..

L'adolescent, qui sort du sommeil de l'enfance,
Pour guide à ses côtés voit marcher l'espérance ;
L'avenir devant lui s'ouvre brillant et pur,
L'horizon à ses yeux étale son azur ;
Il s'élance joyeux sur la route nouvelle
Où la voix du plaisir en souriant l'appelle,
Et, dirigeant ses pas vers un but incertain,
Sans regretter hier, il se fie à demain.

Mais bientôt du printemps s'effeuille la couronne;
L'âge mûr est venu : c'est l'été qui moissonne,
L'homme s'arrête alors; doutant de l'avenir,
A ses beaux jours perdus il adresse un soupir,
Il touche à son automne, et voit avec tristesse
Sur les pas de l'hiver s'avancer la vieillesse.
Heureux si ses pensers, évoquant tour-à-tour
Des rêves éclipsés de bonheur et d'amour,

Trouvent dans le passé des souvenirs de gloire
Qu'il puisse, après la mort, léguer à sa mémoire !
Mais s'il passe sur terre, inutile fardeau,
Il descend tout entier dans la nuit du tombeau !

Ainsi donc ici-bas, tout meurt et tout s'efface,
D'un siècle qui finit un autre prend la place,
Pour aller s'engloutir, par le temps emporté,
Dans ce gouffre béant qu'on nomme ÉTERNITÉ !

.   .   .   .
.   .   .   .

Déjà l'aube paraît, et la foule s'apprête
A voler aux plaisirs, à courir à la fête...
Les bruyantes clameurs et les joyeux accents,
En frappant mon oreille, ont troublé tous mes sens.
Ecrasé sous le poids de mes sombres pensées,
Adresserai-je au ciel des plaintes insensées ?
Non... des jours écoulés chassons le souvenir...
Le passé n'est qu'à Dieu... marchons vers l'avenir.
L'avenir !.. ce grand mot entouré de mystère,
Impénétrable sphynx et chaos sans lumière ;
Ce livre où Dieu grava ses décrets éternels,
Ouvert pour ses yeux seuls, fermés pour les mortels,
Marchons donc au hasard égarés dans le doute,
La volonté suprême a tracé notre route ;
Le bras de Dieu nous guide, et sa puissante main
Au siècle comme à l'homme assigne son destin.

Ton premier jour à lui... reçois, nouvelle année,
Nos saluts et nos vœux... Puisses-tu, fortunée,
Faire bénir ton non, et, dans ton heureux cours,
Compter par tes bienfaits le nombre de tes jours !

Charles DEVERT.

LES DEUX MÈRES.

Oui, mon cœur s'en souvient, il n'est point sur la terre,
    Enfant, pour toi de nom plus doux
Que le nom vénéré de la pieuse mère
    Qui te berce sur ses genoux !

Et la voix d'une mère est si pleine de charme
    Appelle si bien le sommeil !
Tu goûtes constamment un repos sans alarme,
    Sans craindre un précoce réveil !

Quand tes cils sont mouillés, je sais qui les essuie :
    Une mère est pareille aux cieux :
Comme un rayon d'en haut évapore la pluie,
    Son regard sèche tes beaux yeux !

Et son sourire même exerce un saint empire :
    Il te donne d'heureux matins ;
Ainsi que le soleil, ce céleste sourire,
    Sème, au printemps, des jours sereins !

Pourtant ce nom si pur, objet de ta tendresse,
    Ce doux regard, ces chers accents,
Et ce sourire empreint d'une chaste allégresse,
    Hélas ! c'est trop peu, je le sens !

Ta bouche a prononcé le nom d'une autre mère,
    Nom plus suave que le miel ;
Nul ne l'invoque en vain dans cette vie amère :
    Il descendit pour nous du ciel !

Eh bien ! rappelle-toi qu'en un temps moins propice,
    Vivait un roi sage et puissant ;
Que deux femmes un jour réclamaient sa justice,
    Et s'arrachaient un faible enfant !

Si, par un stratagème, il flétrit l'étrangère,
　　Sans aucune épreuve, sa main,
A l'aspect de Marie et de ton humble mère,
　　Eût montré la Vierge soudain !

Déjà ton front pensif est voilé d'un nuage !
　　— Quoi ! fuir ma mère, dites-vous ?
Non, non, aime-la bien ; mais aime davantage
　　La Vierge qui nous chérit tous !

L'âme pleine d'amour, l'une dans sa demeure,
　　T'abreuve d'un laitage pur ;
Et l'autre suit tes pas, et te guide à toute heure,
　　Vers son palais d'or et d'azur !

Tout mortel est son fils, s'il vit dans l'innocence,
　　Et tu sais qu'en tous nos revers,
Elle a sauvegardé son royaume de France,
　　Et par la France l'univers !

Louis DE VEYRIÈRES.

LA DOULEUR.

Douleur, mystérieux problème,
Qui portes le deuil en tout lieu,
Plus forte que le ciel lui-même,
Passes-tu le pouvoir de Dieu ?

Traînant après toi les alarmes,
Ombre d'éternelle pâleur,
Source intarissable de larmes,
Épouse et mère du malheur,

Partout sans choix et sans mesure
Ton nom haï frappe aux maisons,
Afin qu'aux voix de la nature
Qui chante d'aimables chansons,
Il se mêle un cri lamentable
Et qu'étreinte dans sa terreur,
L'âme à jamais inconsolable
Tremble au nom de son créateur !

Pourtant lorsqu'au seuil de la vie
Nous sentons battre notre cœur,
La pensée aspire ravie
A tout ce qui nous dit : bonheur !
Pourtant nous trouvons dans nos âmes
Le besoin de chérir le ciel ;
Il s'élève de nous des flammes
Dont l'encens s'exhale éternel ;
La nature qui nous inspire
Et nous pare quand nous charmons,
Nous sollicite à lui sourire,
Nous dit d'aimer qui nous aimons !

L'enfant sur le sein de sa mère
S'ébat avec tant de douceur !
Ses yeux reçoivent la lumière
Avec une si folle ardeur !
Qui peut penser, destin barbare,
Qu'un jour cet enfant si joyeux
Recevra d'un soleil avare
Dont les rayons viennent des cieux,
Les ténèbres pour se conduire,
Et qu'aveugle et cherchant son pas,

Sur son front il ne verra luire
Que la nuit qui n'éclaire pas?

Le jeune homme qui s'illumine
Sous les feux brillants de l'esprit,
Frappé d'étincelle divine,
Cultivant l'art qui le nourrit,
Victime d'un arrêt funeste,
Soudain dans ce large cerveau
Où la pensée au vol céleste
Du grand atteignait le niveau,
Objet brisé, vase inutile,
Du règne des penseurs exclus,
Ne trouve plus, écho stérile,
Qu'une voix qui ne répond plus !

Le vieillard, courbé de faiblesse,
Que l'amour n'accompagne plus,
Avait pour chauffer sa vieillesse
Des amis par les ans élus !
Il voit un par un leur famille
Disparaître du sol vivant ;
Souvent c'est son fils ou sa fille
Qui dans sa fraîcheur part avant !
Comme un arbre privé de branche,
Il reçoit les tristes frimats,
Implorant pour son corps qui penche
Le gite glacé du trépas !

Puisque les ardentes prières
Que font les mortels effrayés,
N'arrêtent pas dans leurs carrières
Tes décrets aux haines liés,
Puisque, caché sous tes armures,

Comme un lâche victorieux,
Tu choisis parmi tes blessures
Celle qui torture le mieux ;
Puisque tu n'épargnes personne,
Et vas, comme au hasard marchant,
Porter au bon qui prie et donne
Ce que mérite le méchant ;

Le monde est à toi, que fait l'heure ?
Que fait le mois, le jour, le temps ?
Toujours ton répit n'est qu'un leurre
Que tu lèves en peu d'instants !
L'indifférent ou l'égoïste,
L'athée et jusques au croyant,
Lit son nom sur ta froide liste,
Et s'épouvante en te voyant !
Ta proie est tout ce qui va naître,
Tu prends l'œuf éclos dans les cieux ;
Jeune ou vieux, il faut te connaître,
Avant qu'on n'ait fermé les yeux !

Souvent c'est au milieu des fêtes,
Quand le cœur s'endort dans l'azur,
Que tu viens fondre sur nos têtes
Pour que le chagrin soit plus sûr !
Infatigable dans ta rage,
Tendant ton immense réseau,
Tu vas de rivage en rivage,
Escorté du temps, ton bourreau !
Lorsqu'on te pressent ou t'implore,
Lorsqu'on s'agenouille à ton pas,
Lorsqu'on te crie : attends encore !
Implacable, tu n'attends pas !

Ton nom n'est pas fait de clémence !
Nous nous débattons vainement ;
Tes décrets sont portés d'avance,
Irrévocable jugement !
La vie est-elle un anathème
De la puissance ou de l'erreur ?
Dieu ne pouvait-il, loi suprême,
Régler nos pas dans le bonheur ?
S'il est bon, ainsi qu'on l'espère,
Il doit à chaque instant souffrir
D'entendre les pleurs de la terre
Pour naître, pour vivre ou mourir ?

Est-ce dans la mort qu'est sa gloire ?
A ce seuil nous tend-il les bras ?
Travaillons-nous à sa victoire,
Lorsque nous marchons au trépas ?
Est-ce à ce port tout peuplé d'anges
Qu'expire à son tour le malheur ?
Est-ce enfin là que tu te venges
Dieu bon, du Dieu de la douleur ?
Serait-ce auprès de toi la vie ?
Cette terre, où tous nous pleurons,
Est-elle une vaine patrie
Où vainement nous désirons ?

Enfin serons-nous là paisibles
Et sans regrets et sans terreur ?
Là nos cœurs , librement sensibles,
Pourront-ils brûler leur ardeur ?
Verrons-nous enfin la durée
D'un vœu, d'un désir, d'un lien ?
Dans la route mieux éclairée

Connaîtrons-nous le mal du bien?
Et pour nos âmes affamées
Qui doutent et croient tour à tour,
Aurons-nous les flammes aimées
Qui versent l'éternel amour?

Douleur, mystérieux problème,
Qui portes le deuil en tout lieu,
Vaincue au climat où l'on aime
Es-tu sans pouvoir devant Dieu?

Madame Hermance LESGUILLON.

A LÉON GONTIER.
Réponse (1).

Ami, je suis la source ignorée et craintive
Qui cache sous les fleurs, sous l'herbe de sa rive,
    Ses fugitives eaux;
Je dors souvent, bercé par mon propre murmure,
Sous les baisers du vent, perdu dans la verdure,
    Qui me sert de rideaux.

(1) Cette pièce n'exprime que bien faiblement nos sentiments d'admiration pour le beau talent poétique de Léon Gontier, — esprit charmant, conteur aimable, tendre et harmonieux poète, — vrai cœur d'artiste.—Gontier n'a pas dit son dernier mot. Comme Rebboul, comme Poncy, il est devenu poète en écoutant chanter l'oiseau sous l'ombrage, ou en cueillant la fleur aux bords des ruisseaux :
« *Dans ce bel art des vers il n'a point eu de maître.* »
L'amitié nous a donné le droit d'être indiscret avec lui. — Que sa modestie nous le pardonne. Mais puisse-t-il bientôt mettre au grand jour les délicieuses pages qu'il a en portefeuille, et qu'il nous a été donné d'admirer dans toute leur fraîcheur. (*Note de l'auteur*).

Un torrrent aujourd'hui, fleuve demain, peut-être !
Qui gémit, qui rugit, que rien ne peut soumettre,
    Rejaillit jusqu'à moi ;
De cascade en cascade, en vagues écumantes,
Il tombe, il rebondit en beautés bouillonnantes,
    Et ce torrent, c'est toi !

Ta verve est sans repos : ta parole féconde,
Contre ma goutte d'eau, généreuse, m'inonde
    D'un océan de vers.
Ami, merci, merci ! ces beaux chants que t'inspire
La pure amitié, cette sœur de la lyre,
    Me seront toujours chers !

Courage donc, courage ! à l'œuvre, cher poète :
Qu'importe à l'hirondelle une heure de tempête,
    Et l'oiseleur et ses réseaux !
D'une aile fatiguée elle voltige encore,
Sûre de retrouver, à la nouvelle aurore,
    Son nid, chantant dans les roseaux !

Mais, ne t'irrite point des reproches qu'on lance,
Tantôt à tes beaux vers, tantôt à ton silence ;
    Les éclairs servent de flambeaux ;
Il faut, dans ce grand jeu de chance aléatoire,
Lutter, vaincre ou mourir pour conquérir la gloire,
    « *Cette plante tardive, amante des tombeaux.* »

La lyre frémissante a des larmes divines ;
Au front prédestiné la couronne d'épines !
    Comme au laboureur les moissons...
Puis vient la fin du jour où le semeur repose,
Et... qu'il ait respiré le cyprès ou la rose,
Le poète, en mourant, demeure... et nous passons !

                      Alfred BODIN.

LES DEUX SOURCES.

A mon ami Alfred Bodin.

L'une aux roseaux pleurants mêle sa voix plaintive ;
Le pâtre, en son chemin, ne daigne pas la voir.
Dans la conque d'iris ou l'onde du lavoir
Qu'elle aille s'enfermer, qu'importe?... Elle est captive,
Pauvre goutte tombée, un jour, du ciel bien noir.

Dans un sentier perdu de l'obscure vallée
Où l'oiseau, seul ami de son gémissement,
Sur l'arbre dépouillé se repose un moment,
Elle naît et s'endort, par les ronces voilée,
Elle naît et s'endort toujours plus tristement.

L'autre, en son lit de mousse où rit la tourterelle,
A le soleil des champs, les fleurs et les oiseaux,
Le voyageur lassé se baigne dans ses eaux,
Tous les parfums du jour et du soir sont pour elle,
Et son murmure en paix chante dans les roseaux !

Ami, tu les connais ces deux sources jumelles,
A l'une, l'onde pure et la fécondité,
Les prés toujours fleuris et la moisson d'été,
A l'autre pour jamais les glaces éternelles,
Et la profonde nuit dans son sein agité !

Léon GONTIER.

A M. LE DIRECTEUR DE LA MUSE DES FAMILLES.

Abeille sans famille et que le crépuscule
Aux calices des fleurs allait abandonner,
Pour toi s'ouvre une ruche où la riche cellule
Reçoit l'humble butin que tu viens lui donner.

Douce hospitalité ! — qui jamais ne calcule —
Merci pour notre enfant !.. ardente à moissonner ;
— De ses nombreuses sœurs jeune et modeste émule—
Avec elles dès l'aube on l'entend bourdonner.

O vous qui dirigez cet essaim qui butine,
Protégez les élans de l'abeille enfantine
Dont l'aile peut céder au charme des zéphirs.

S'ils devaient l'entraîner trop loin de la charmille,
Ne l'abandonnez pas : car ses plus chers désirs,
Sont de rester toujours au sein de la famille !

Louis de Lussats.

3

PETITES MONNAIES RIMÉES.

I.

La douleur véritable et le vrai dénûment,
Echappent aux regards des hommes, dit l'apôtre,
Une pudeur d'instinct recouvre également
Les blessures de l'une et les haillons de l'autre.

II.

On s'attend à tout, eh ! bien !
On ne se prépare à rien.

III.

Le sage, en tous lieux, se défend
De ce qui premier rire ou premiers, pleurs se nomme ;
Le crocodile sait pleurer comme un enfant ;
Et l'hyène rit comme un homme.

IV.

Les astres calmes pour témoins ,
Une vague disait à l'autre ;
« Quelle course rapide, hélas ! est donc la nôtre ! »
Et la troisième dit : « *Vivre peu, souffrir moins.* »

V.

La vie — il faut le savoir —
N'a pas assez de biens dans toutes ses richesses
Pour nous dédommager, bourgeoises ou duchesses,
De l'oubli d'un seul devoir.

VI.

Parler bas, ce n'est rien qu'un petit bruit qui passe,
Or, écrire au crayon, c'est parler à voix basse.

VII.

Souffrez que tout bas je m'en ouvre :
La médecine, c'est un art
Qu'on exerce de toute part,
En attendant qu'on le découvre.

VIII,

MADRIGAL.

Depuis dix ans, aux mois de la neige ou des fleurs,
  Je pleure et brûle pour ma dame,
Sans que mes feux, hélas ! aient pu tarir mes pleurs,
  Ni mes pleurs éteindre ma flamme.

IX.

ÉPITAPHE.

Ci-gît Isabella, — passants de toute sorte,
Reposez-vous sans peur, sur ce gazon pieux ;
Elle n'a point péri d'un mal contagieux ;
Lisez : c'est de constance en amour qu'elle est morte !

Emile Deschamps.

CERCLE D'AMIS.

Sonnets.

I.

Que me demandez-vous, bienveillant Lesguillon ?
Faire une comédie en vers, œuvre d'Hercule,
Quand à peine je peux produire un opuscule !
Travailler avec vous, certe, est un aiguillon !..

Mais ce serait mêler à votre or mon billon.
Devant tout sujet beau, s'il est grand, je recule.
Même, au sein des bluets, où ma muse spécule,
Elle se fixe peu : c'est comme un papillon.

A chacun, ici-bas, son lot ; qu'il s'en contente !
J'ai le récit badin, vous, la scène éclatante...
Qui de sa sphère sort mérite un requiem.

Jeune, j'osai franchir les théâtrales buttes;
Des succès, j'en eus deux ; puis, rejets sur culbutes :
Le public a bien fait, les directeurs... idem.

II.

Et sans cesse, et partout, il faut que tu travailles !
Ta muse est sans pitié pour tes propres douleurs.
Tu chantais, ô poète exilé de Versailles,
Sur ton lit de souffrance, ainsi qu'au sein des fleurs.

Comme à la question, saisi par des tenailles,
Ton corps était l'objet de tes propos railleurs ;
Et, quand nous redoutions déjà tes funérailles,
Ta verve étincelait, changeant en ris nos pleurs.

Quelle était donc la roche, au fond de toi, couvée,
Qu'avec griffes et dents une sonde éprouvée
Ne parvint à broyer qu'après nombre d'essais ?

A voir les mille éclairs, par qui, de crise en crise,
Sous le choc de l'outil, tu nous éblouissais,
Sandis ! on aurait cru des diamants qu'on brise !

III.

Vous savez, Alexandre, écrire et faire un plan.
Courage donc ! si haut que la gloire se niche,
Vous parviendrez au temple à splendide corniche,
Où, de façon royale, elle traite son clan.

Quand on a de l'esprit, de l'entrain, de l'élan,
Qu'en scéniques sujets, comme vous, on est riche ;
Que sans trève on médite, on pioche, on défriche,
Le succès se récolte, au moins, douze fois l'an.

Marchez ; vous volerez ! telle est ma prophétie.
De près ou de loin, fier de la voir réussie,
Je suivrai votre vol, comme je suis vos pas.

Montez ! mais, puissiez-vous, ajoute le prophète,
Ne point imiter ceux, qui, l'escalade faite,
N'entendent plus la voix de leurs amis d'en-bas !

IV.

Tel qui met l'orthographe à la façon de *Marle,*
Fait fi des vers ; retrò !.. moi, j'aime l'art divin !
Rimez, vous dont la lyre à l'esprit, au cœur parle :
Gontier, Paul Saint-Olive, et vous aussi, Chervin !

On chante d'abondance à Lyon, Marseille, Arle :
Pour savourer ces chants nés où naît le bon vin,
Il faut que je convoque Haupois Picard et Charle,
Le médecin Despaulx, Barraguey, l'écrivain.

Apollon veut des fleurs : j'appellerai donc Laure,
Adeline, Herminie, Elisa ; puis, encore,
Si Zénaïde vient, quel bouquet triomphal !

Fête entière ! au nectar unissant l'ambroisie,
Hermance nous dira sa tendre poésie,
Qui coule, comme fait le ruisseau dans le val.

V.

Oui, mon amé cousin, oui, mon digne homonyme,
J'aime un cercle d'amis, où la gaîté s'anime
      Unanime.

C'est très-bien de gémir sur les divers fléaux,
Mais le cœur brille aussi dans l'hilarité franche !
Nos yeux ne sont-ils donc qu'hydrauliques tuyaux ?
Voilons-nous, vendredi ; mais rayonnons, dimanche !

A qui veut tout savoir je laisse le chaos ;
L'enfer au chantre épique ; au guerrier, l'arme blanche ;
Que l'intriguant, front bas, chemine aux emplois hauts ;
Trône, qui veut trôner ; qui d'or a soif, l'étanche !

Ma gloire à moi serait que ma verve sans frein
Vous mit, chers compagnons, à mon joyeux lutrin,
      Tous entrain !!

Prosper DELAMARE.

Or, prenant mon premier sonnet pour matricule,
Le fin rimeur, auquel j'offris ce grapillon,
Dans sa réponse, ainsi qu'on joue au corbillon,
A mis le temps qu'on met à faire une virgule...
Je la joins, ci-dessous, afin qu'elle circule.

P. D.

A PROSPER DELAMARE.

Sonnet.

Ce que vous proposait ce brave Lesguillon,
Est l'œuvre du démon bien plutôt que d'Hercule ;
De Satan, qui vous souffle en plus d'un opuscule,
Vous eussiez finement fait sentir l'aiguillon.

Un léger frottement change en or le billon ;
Deux bras unis sont forts et l'obstacle recule ;
Sur deux esprits divers la muse alors spécule ;
Chacun est tour à tour abeille ou papillon.

Qu'importe au bon public l'hymen qui le contente ?
Ce qu'il lui faut d'abord c'est la vogue éclatante,
Dût l'œuvre en peu de temps chanter son requiem !

Arlequin, qui d'un bond franchit deux ou trois buttes,
Se relève plus fier même après ses culbutes ;
Le sifflet ne dit pas toujours : *Bis in idem.*

J. Lesguillon.

LE BERCEAU.

Auprès d'un bel enfant doucement inclinés,
De leurs ailes d'azur protégeant son visage,
Trois séraphins chantaient et de grâces ornés,
Ils élevaient aux cieux un modeste langage.

Seigneur, prêtez l'oreille à l'ange de la foi ;
Pour l'ange qui repose écoutez sa prière.
De vertus embelli, qu'il garde votre loi ;
Parmi ses noms aimés brille le nom de Pierre !

Heureuse une âme pure ! elle respire en vous.
Confiante en vous seul, le courage l'anime,
L'ange de l'Espérance embrasse vos genoux ;
Seigneur, que votre amour s'abaisse sur Maxime !

Que de François de Paule il ait la charité ;
Que l'indigence en pleurs célèbre sa louange;
Que dans ses beaux regards éclate la bonté.
A de tendres parents, Seigneur, laissez un ange !

Du chant religieux s'affaiblissent les sons.
La harpe aux branches d'or se rattache à l'épaule ;
Et l'enfant réveillé souriait aux doux noms
De Pierre, de Maxime et de François de Paule.

Ad. Détroyat.

L'ENFANT AVEUGLE.

Les fleurs embaumaient la campagne ;
Le vent léger de la montagne
Caressait leur sein gracieux.
L'oiseau dans le val solitaire
Chantait gaîment, et sur la terre
Tout riait comme dans les cieux.

Le cœur bercé du plus doux rêve,
J'errais au hasard sur la grève,
Le long d'un bois, par un beau soir ;
Quand, vers la prochaine charmille,
Une jeune et charmante fille
Près de son frère vient s'asseoir.

Je la vois qui vers lui se penche,
Serre sa main de sa main blanche
Et le regarde avec amour.
De ces soins j'ai compris la cause ;
Pauvre enfant ! sa paupière est close
A la douce clarté du jour.

Seul auprès d'eux sur cette plage,
Et caché par l'épais feuillage,
Nul ne pouvait m'apercevoir ;
Tandis qu'en mon secret asile
Je puis, observateur tranquille,
Tout entendre à l'aise et tout voir.

— « Oh ! comme il est doux le ramage
« De l'oiseau qui chante au bocage !
Dit l'enfant aveugle à sa sœur
« Dis-moi, le peux-tu voir, Marie ?
« Est-il aussi beau, sœur chérie,
« Qu'il a dans la voix de douceur ?

— « Oui, s'écria la jeune fille ;
« Je le vois qui joyeux babille
« Sur un arbre, tout près d'ici. »
Le pauvre enfant alors soupire ;
Puis, avec un triste sourire :
— « Je voudrais bien le voir aussi !

« Et des bois la fraîche verdure,
« Et ces fleurs, des champs la parure,
« Que ton œil voit s'épanouir.
« Tous ces présents du divin maître
« Quel beau spectacle ce doit être
« Pour celui qui peut en jouir !

« Mais quoi ! des fleurs je sens l'arôme ;
« Ces bois me couvrent de leur dôme ;
« L'herbe m'offre un siége en ce lieu ;
« Et près de toi, sœur bien-aimée,
« Je puis ouïr, sous la ramée
« Chanter les oiseaux du bon Dieu.

» Oh ! qu'il soit béni comme un père,
« Bien qu'il ait fermé ma paupière
« Au beau soleil qui luit pour toi !
« Mais, dans la céleste patrie,
« Est-il des enfants, dis, Marie,
« Qui soient aveugles comme moi ? »

— « Non, tous ont des yeux comme l'Ange.
« Mais d'où te vient ce soin étrange
« Et pourquoi me parler ainsi ?
— « Ah ! c'est qu'il est si doux de croire
« Que je puis là haut, dans sa gloire,
« Près du bon Dieu, le voir aussi ! »

Le ciel entendit sa prière ;
Il tomba malade, et sa mère
Le veille en son lit de douleurs
Nuit et jour, et cent fois l'embrasse,
Et demande à Dieu pour lui grâce,
En baignant son front de ses pleurs.

— « O ma mère ! pourquoi ces larmes ?
« Ah ! calme plutôt tes alarmes.
« Je vais au séjour enchanté
« Où, l'œil ouvert à la lumière,
« J'en verrai la source première,
« Dieu lui-même en sa majesté.

« Toi-même aussi, mère chérie,
« Je t'y verrai ! .. mais, je te prie,
« Appelle-moi, quand tu viendras,
« Pour qu'aux lieux où je vais renaître,
« Je puisse à ta voix te connaître,
« Ne t'ayant pu voir ici-bas. »

En disant ces mots .. il expire.
Sur sa bouche un dernier sourire
Cherchait le souris maternel,
Comme s'il eût fait un beau rêve.
Puis un Ange en ses bras l'enlève,
Et ses yeux s'ouvrent dans le ciel.

Gindre de Mancy.

LE GÉNIE ET LE COEUR.

Quatre fois le *Génie* illuminant le monde,
De ses vives clartés splendidement l'inonde ;
Les peuples éclairés, des lettres et des arts
Arborent quatre fois les nobles étendards.

Lorsque nous contemplons, à travers les années,
D'un éclat immortel vos grandeurs couronnées

O Périclès, Auguste ; ô Laurent et Louis, (1)
Par quel rayonnement nous sommes éblouis!

Le *cœur* n'aura-t-il donc jamais sa période,
Où la douce élégie ayant remplacé l'ode ,
Et la vertu, bien tard, triomphant à son tour
On voudra couronner le fraternel amour ?

Mais que dis-je ? timide et fausse alternative !
C'est avec la chaleur que la lumière arrive :
Du froid et de l'obscur le soleil est vainqueur,
Un peu plus de génie... et l'homme aura du cœur.

Philippe LAVERGNE.

LA DANSE DE MINUIT.

Ballade.

A Mlle Virginie C...

> C'est maintenant, chères gens, qu'il faut se signer
> et répéter tout bas une prière pour les pauvres âmes.
> Voici que minuit sonne à l'église de Saint-Michel-
> en-Grève.
>
> Émile SOUVESTRE.
> (LE FOYER BRETON.)

Enfant, pour revenir au toit de votre père,
S'il vous fallait passer auprès d'un cimetière,
Gardez bien que minuit ne vous surprenne au bal !
Écoutez le récit que nous fit ma grand'mère,
Un soir qu'en ses regrets du bon temps de naguère,
Elle nommait la danse un plaisir infernal.

(1) Laurent de Médicis et Louis XIV.

I.

C'était la Saint-Leufroi, fête au prochain village.
Jeanne, depuis longtemps dansait sous le feuillage,
Et cependant la nuit avançait à grands pas.
Tout entière au plaisir, oublieuse et volage,
Jeanne n'était point prête à finir ses ébats.

Mais quand, pour revenir sous le toit de son père,
Il lui fallut passer auprès du cimetière,
Songeant aux vieux récits, elle pâlit d'effroi,
Et comprenant trop tard les conseils de sa mère.
Tout à coup minuit sonne à l'airain du beffroi.

Le silence régnait et la nuit était sombre ;
Deux grands yeux enflammés étincellent dans l'ombre
— Dieu vous garde ! — c'étaient les yeux de Lucifer.
L'air se peuple aussitôt de fantômes sans nombre :
Spectres, follets, démons échappés de l'enfer.

Ils accouraient joyeux... soudain la troupe immonde,
En poussant des clameurs, forme une immense ronde,
Que viennent agrandir les blèmes trépassés.
Voilà que retentit, comme l'airain qui gronde,
La voix de Lucifer qui s'écria : « Dansez ! »

Elle veut fuir... ses pieds sont cloués sur la place ;
Appeler... tout son sang dans ses veines se glace ;
Se signer... et son bras lui refuse secours.
Et le cercle hideux de ses replis l'enlace,
Et l'on entend hurler ces mots rauques et sourds :

II.

« Quand la nuit est noire,
« Quand sifflent les vents,
« Il est doux de boire
« Le sang des vivants !
« Crânes, votre ivoire
« Nous sert de ciboire,
« Quand nous voulons boire
« Le sang des vivants !

« Chouettes livides !
« Hiboux et vautours ;
« Vampires avides,
« Accourez rapides
« De vos vieilles tours !

« Nécromans, sorcières,
« Oiseaux de la nuit,
« Quittez vos tanières,
« Et dans ces bruyères ;
« Arrivez sans bruit !

« Venez avec joie,
« Venez, venez tous !
« Une riche proie
« Que Satan envoie
« Est là près de nous.

« Quand la nuit est noire,
« Quand sifflent les vents,
« Il est doux de boire
« Le sang des vivants ;

« Crânes, votre ivoire,
« Nous sert de ciboire,
« Quand nous voulons boire
« Le sang des vivants ! »

III.

Et Jeanne était près d'eux; et la ronde infernale,
Plus nombreuse toujours, toujours s'élargissait.
Un noir démon parut montant une cavale ;
Il éleva la voix, voix sombre et sépulcrale ;
On eut dit un renard qui, bien loin glapissait.

« Réjouis-toi, dit-il, ma cohorte fidèle !
« Voici pour cette nuit joyeuse et solennelle.
« Une fille qui veut sa part de vos ébats,
« Donnez-lui parmi vous une place... elle est belle ;
« Faisons-la, cette nuit, reine de nos sabbats ! »

Un spectre alors s'approche, et gambade et ricane,
Et colle sa mâchoire aux deux lèvres de Jeanne,
Et de ses doigts sans chair il enlace sa main...
Elle tomba ; son front contre une pierre grise
Heurta violemment.
            En allant à l'église,
Le vieux sonneur Jacob la trouva le matin.

IV.

On ne la revit plus danser sous le feuillage ;
Mais on dit que, le soir de la fête au village,
On entend une voix qui murmure bien bas :
« Vous que retient trop tard la danse sous l'ombrage,
« Enfants, craignez minuit, c'est l'heure des sabbats. »

Louis Audiat.

Extrait du *Grillon*, volume sous presse.

LE ROI DE LA MONTAGNE.

Je suis le roi de la montagne,
Ici, tout reconnaît ma loi ;
Près de ma fidèle compagne,
Je suis vraiment heureux et roi !

Mon sceptre ainsi que ma couronne,
Ne font point de regards jaloux,
Je règne en maître sur mon trône,
Des vents je brave le courroux.

La nature est mon seul empire,
Les bois, les monts, les noirs torrents ;
L'ouragan fait vibrer ma lyre,
Et l'écho répète mes chants.

Dans mon royaume solitaire,
Non, je ne maudis pas le sort,
Errant et proscrit sur la terre,
J'attends et ne crains pas la mort.

Je suis le roi de la montagne,
Ici, tout reconnaît ma loi,
Près de ma reine, ma compagne,
Je suis heureux et je suis roi !

F. FLAMANT.

HISTOIRE DE FRANCE
POUR LES ENFANTS.

MÉROVINGIENS.

Pharamond le premier aux Francs donna des lois.
Clodion Chevelu, le second de nos Rois,
Adopte Mérovée, et si l'aigle romaine
Fuit devant Childéric que l'on connaît à peine,
Elle tomba bientôt sous les coups de Clovis.
Childebert, en mourant dans les murs de Paris,
Lègue tout son royaume au perfide Clotaire.
L'aîné de quatre enfants, Caribert eut pour frère

4

CHILPÉRIC, meurtrier, impie, incestueux.
L'époux de Frédégonde en eut CLOTAIRE deux.
DAGOBERT se lassa d'être loyal et brave.
Qui blâme CLOVIS deux d'épouser une esclave ?
A peine ayant vingt ans mourut CLOTAIRE trois.
CHILDÉRIC deux succombe en chassant dans les bois.
Ebroin, sous THIERRY, possède la couronne ;
Bien mieux que CLOVIS trois d'Héristal eut le trône.
CHILDEBERT deux, le Juste, a végété seize ans ;
DAGOBERT deux est mis parmi les Fainéans ;
Martel t'a couronné, quatrième CLOTAIRE !
CHILPÉRIC deux, quatre ans, montre une humeur guerrière ;
Le second THIERRY voit fuir les Sarrasins
Et, fou, CHILDÉRIC trois clôt les Mérovingiens.

CARLOVINGIENS.

PÉPIN comme un lion s'avance dans l'arène ;
CHARLEMAGNE est vêtu de la pourpre romaine ;
LOUIS premier deux fois du trône est renversé ;
Le Chauve CHARLES deux d'Italie est chassé ;
Le Bègue LOUIS deux est couronné dans Troye ;
LOUIS et CARLOMAN suivent la même voie ;
CHARLES trois, dit le Gros, ne règne que deux ans ;
ODON, fils de Robert, repousse les Normands ;
Le Simple CHARLES trois leur cède la Neustrie ;
Le Bourguignon RAOUL règne sur la patrie.
LOUIS le quatrième, arrivé d'outre-mer,
Eut LOTHAIRE pour fils, actif, ardent et fier.
LOUIS cinq règne un an sans faire d'entreprise,
Vaillant, on parle à tort de sa fainéantise.

Le premier des Capets Hugues régna neuf ans ;
Le pieux roi Robert guérissait les souffrans ;
Le sage Henri premier prend sa femme en Russie ;
Sous Philippe, Guillaume, issu de Normandie,
Se fait roi des Saxons et le Gros Louis six
Voit après son échec régner Louis son fils.
Philippe deux, l'Auguste, est vainqueur à Bouvine ;
Ta mort, Louis-lion, de ton sacre est voisine.
Louis neuf à Tunis meurt exemple des Rois ;
Punis les Siciliens Hardi Philippe trois ;
Philippe, dit le Beau, du Temple clôt l'histoire ;
Louis dix, le Hutin, règne deux ans sans gloire ;
Le long Philippe cinq ne règne que six ans.
Charles quatre, le Beau, règne un peu moins longtemps.

VALOIS,

Philippe de Valois perd Calais et prend Vienne ;
Jean le Bon dans les fers n'a rien qui le soutienne ;
Le sage Charles cinq périt par le poison ;
Charles le Bien-Aimé sent faiblir sa raison ;
Par Jeanne, Charles sept a vu sauver la France ;
Par ruse Louis onze augmente sa puissance ;
L'affable Charles huit, le dernier des Valois,
En mourant voit Colomb assis auprès des rois.

ORLÉANS.

Le douzième Louis de son peuple est le Père.

VALOIS

Français à Charles-Quint fait une rude guerre ;
Le Galant Henri deux périt dans les tournois ;
On vit régner un an le second des François.
Le jeune Charles neuf, trompé par Catherine,
A son frère Henri trois laisse un trône d'épine.

BOURBONS.

Le vaillant Béarnais revient sans peine à Dieu.
Le treizième Louis règne par Richelieu ;
Le règne du suivant est l'orgueil de la France.
Louis quinze enfin roi termine la Régence,
Louis seize est traîné sous le fer des bourreaux.

RÉPUBLIQUE.

Robespierre s'anime à des crimes nouveaux ;
Les Jacobins font place au faible Directoire ;
Bonaparte en courant enchaîne la Victoire.
Lassé du Consulat, partout maître et vainqueur,

EMPIRE.

Il prend le diadème et se fait Empereur.

BOURBONS.

Louis le Désiré rentre dans sa patrie.
CHARLES dix en tombant nous donne l'Algérie.

ORLÉANS.

PHILIPPE d'Orléans du trône est renversé.

RÉPUBLIQUE.

Un soldat, roi d'un jour, au pouvoir est placé ;
Le vote à son rival donne la Présidence,

EMPIRE.

Et l'Empire bientôt rend sa gloire à la France.

Aimé VINGTRINIER.

TROIS PAR TROIS.

(Vieille Légende)

Ils étaient trois sous les arceaux :
Passaient par là trois vierges blondes,
Elles portaient rubans ponceaux,
Fleurs au corsage et jupes rondes :
— Ils étaient trois sous les arceaux ! —

J'ai, dit l'un, greniers et futailles :—
— Moi, j'ai guérets, prés et ruisseaux : —
— L'or enfoui sous mes murailles,
Dit l'autre, emplirait trois boisseaux ! —

Tant mieux, firent les jouvencelles,
Mais nous aimons trois jouvenceaux ;
Ils n'ont rien dans leurs escarcelles ;
Nous n'avons que nos trois fuseaux !

— Eh bien alors, tremblez, mes belles !
Pour les filles de nos vassaux
Nous avons de sombres tourelles ! —
Par bonheur les trois damoiseaux

Cheminaient quêtant aventure :
Cachés par de verts arbrisseaux,
Ils entendirent cette injure
Et puis bondirent en trois sauts..

Leurs dards brillaient comme trois flammes !..
Ils les coupèrent en morceaux,
Et les corps de ces trois infâmes
Furent mangés par trois pourceaux !

Après avoir brûlé trois cierges
A la chapelle d'Hermanceaux
Nos intrépides jouvenceaux
Prirent pour femmes les trois vierges
Sans fiefs, sans dots.. et sans trousseaux !

Karl DACLIN.

HYMNE A LA FRANCE

Poésie de A. Dufriche

Musique de A. Maniquet

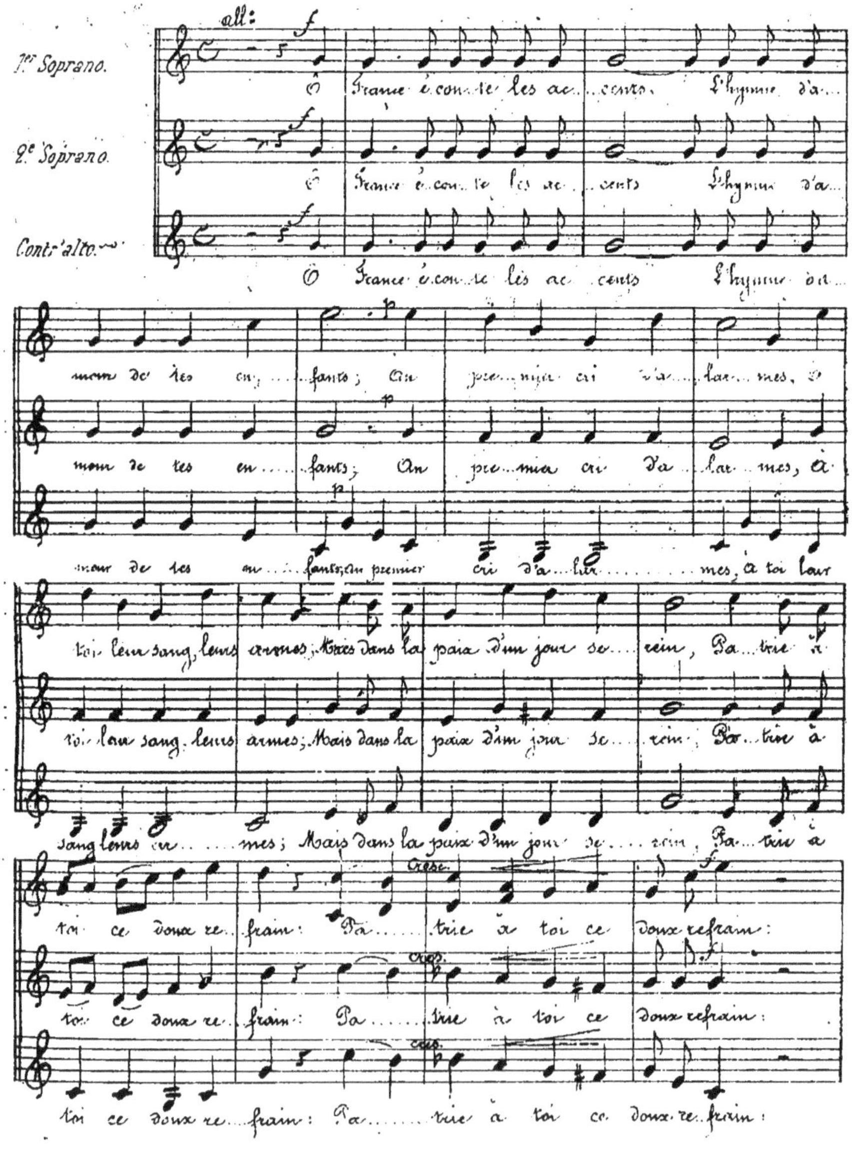

——— 2. ———

Entends l'artiste et l'ouvrier
Chanter la gloire à l'atelier;
Par les arts, l'industrie.
On y sert sa patrie;
Cel, qui sait là te bien servir,
Saurait, au feu, pour toi mourir
  Ô Terre sacrée, &c.

——— 3. ———

Remets ton glaive en son fourreau:
Va, prends ta lyre et ton flambeau,
Charme, éclaire, féconde;
Électrise le monde!
Et les peuples en ton honneur
Peut-être un jour diront en chœur:
  Ô Terre sacrée, &c.

LA PRIÈRE

Chœur à trois voix égales

Poésie de Mademoiselle
Eugénie Bécheyras

Musique de M. L. Lebel
Professeur au Conservatoire Impérial

hom — ma — ge pur pri — ons pri — ons Chrétiens pri

hom — ma — ge pur pri — ons pri — ons Chrétiens pri

hom — ma — ge pur pri — ons pri — ons Chrétiens pri

ons pri — ons pri — ons Chré — tiens pri — ons.

ons pri — ons pri — ons chré — tiens pri — ons.

ons pri — ons pri — ons chré — tiens pri — ons.

Pour l'âme pieuse
Elle est un bienfait,
Elle rend heureuse
Par son doux attrait.
La douleur amère
Disparaît soudain
Lorsque la prière
Est notre soutien.
    Prions,
Chrétiens, prions.

Calmant la souffrance
Des cœurs malheureux,
Donnant l'espérance
De jours plus heureux.
Prions sur la terre
Que du ciel un jour
Le saint sanctuaire
Soit notre séjour.
    Prions,
Chrétiens, prions.

ÉPITRE FAMILIÈRE.

A M. Eugène Thiac, *alors*, notaire à Paris.

Au lieu de barbouiller quelque mauvais refrain,
Si j'avais le pinceau de votre ami Flandrin,
Auprès de cette toile, (1) animée et parlante,
Où l'on voit tant de grâce, — et, dès lors, ressemblante —
Soudain je placerais, dans un cadre doré......
Un portrait — j'en suis sûr — par l'autre désiré!..,
Mais, je ne peins jamais, ce n'est pas ma coutume ;
Je n'ai, pour seul crayon, qu'une assez mince plume,
Que je taille souvent, qui va tout de travers,
Et qui fait de la prose — en pitoyables vers.

Et cependant je veux — dans l'ardeur qui me pique, —
Peindre votre *moral*, à défaut du *physique* ;
Cette fois, ce portrait ne sera pas flatté.....
Gare à vous!..... je dirai toute la vérité.

Vous voilà rassuré, n'est-ce pas ? je commence ;
J'abandonne, en ce jour, pour vous seul, la romance,
Mes rimes sans raison, mes futiles travaux.....
Parlant de vous, j'attends d'unanimes bravos.

Vous vîntes à Paris, où le plaisir attire,
Non pour ces plaisirs-là, mais, mieux, pour vous instruire.

(1) Le portrait de Mme Thiac, peint par Flandrin.

Passant, utilement, à l'École de droit,
Au but tant désiré vous avez marché droit !
Et d'une simple alcove à l'abri solitaire,
Vous allâtes dormir sous le toit d'un notaire.
Or, comme le bonheur vous suivait en tous lieux,
Une femme apparut, aux traits doux, gracieux;
Ayant esprit, bonté — plus que n'en eut aucune ;
Joignant à ce trésor, celui..... de la fortune !...
Ces trésors, en amour, votre cœur les paya, —
Et ce fut le notaire, enfin, qu'on maria.

Une fois installé près de la double rive,
Des plus nobles clients la foule vous arrive :
Ce furent, tout d'abord, les Larochefoucauld,
Et d'autres grands seigneurs, — ceux-là, gens comme il faut.
Puis vinrent à l'envi, formant de longues listes,
Ces princes de tous temps, ces renommés artistes, —
Ingres, dont le talent est une royauté ;
Son élève Flandrin, marchant à son côté ;
Ou Moyne, — ce ciseau que tout sculpteur envie, —
Dont on pleura la mort, se rappelant sa vie !...
Et puis vinrent aussi plus d'un littérateur,
Et plus d'un député, — se croyant orateur.

Enfin, de vos clients, vers la place Dauphine,
Le cortége incessant, aujourd'hui, s'achemine :
C'est le riche qui veut utiliser son or ;
C'est le pauvre, prenant part à votre trésor ;
C'est l'artiste qui vient vous montrer son ouvrage ;
Ou le poète, hélas ! avec son rimaillage,
Qui vient vous consulter sur *un mot hasardeux*,
Sur un mot seulement; — il ne dit jamais deux !...

C'est qu'en vous, cher ami, (ce n'est plus un mystère),
Ce que l'on voit le moins, ma foi, c'est le notaire, —
Et vous l'êtes pourtant .... mais, nous ne le croirons
Que, quand devenus veufs, nous nous remarirons.

Or, si, de vos clients, le nombre augmente encore,
Savez-vous bien pourquoi? — C'est que, nul ne l'ignore,
Si l'on nomme un notaire en qui la probité
Est égale au savoir — c'est vous qu'on a cité !...
Si l'honnête ouvrier veut placer *sa richesse*,
Soudain, les yeux fermés, c'est à vous qu'il s'adresse...
Si quelque vieux garçon cherche à se marier, —
Pour venger le beau sexe on vous voit le lier ;
Et puis, quand il a fait sa dure pénitence,
Lui parler testament, — pour finir sa souffrance !

Mais à d'autres travaux, je vous l'ai dit ailleurs,
Vous êtes appelé, — travaux semés de fleurs (1) ;
Travaux, selon les goûts qu'en vous chacun devine,
Et qui seront prudents, — sans suivre la routine.

Membre très-influent d'un conseil-général,
Allez faire le bien, en évitant le mal ;
Donnez à vos mandants l'instinct des grandes choses ;
Ils vous devront, soudain, mille métamorphoses ;
Dites-leur qu'en avant il faut oser aller,
Et que, ne pas marcher, c'est presque reculer.

(1) M. Eugène Thiac venait d'être nommé membre du conseil-général de la Charente.

Moi, je vais m'arrêter, sans clore ma pensée ;
Mes yeux sont fatigués ; ma plume est émoussée ;
Ce que j'écris, d'ailleurs, ne vaut pas un zéro...
La suite, cependant, au prochain numéro.

Emile BARATEAU.

LA JEUNE FILLE ET LA MARGUERITE.

Si je suis jeune et peut-être jolie,
   Que je sois plus modeste encor !
Pareille à toi, fille de la prairie,
   Marguerite au cœur d'or.

Te trouve-t-on dans les jardins du riche,
   Près des fleurs qu'on sème avec soin ?
L'herbe des prés te compose une niche,
   Tu fleuris seule, sans témoin.

Tu plais à tous par ta beauté champêtre
   Et ta noble simplicité,
Sans nul désir de plaire et de paraître.
   L'enfant te cueille avec gaîté.

L'affection pour toi professe un culte,
   Confiante en ta bonne foi,
Elle sourit lorsqu'elle te consulte,
   Si tu réponds : on pense à toi.

L'éclat si pur de ta blanche corolle
   Peint l'innocence et la candeur :
Puisse mon âme avoir ton auréole,
   Etre pure aux yeux du Seigneur !

Sophie BALLYAT.

LA BICHE.

FABLE.

à M. Prosper Delamare.

La Biche disait au Faon,
    Son enfant :
« Crains le loup, le chien et l'homme »
Bref ! à ce moment, et comme
    Elle achevait,
        Apparaît
Un chasseur dans la forêt.
« Fuyons !.. fuyons !.. » — dit la Biche.
« — Vois donc ce costume riche ,
« Dit le Faon — c'est un seigneur,
« A coup sûr, ce beau chasseur,
« Peut être un Roi ; car sa suite
« Est une garde d'honneur. »
— « N'importe ! prenons la fuite ... »
Dit la biche, avec terreur.
« Nenni !.. — fait le faon — peut-être
« Nous réserve-t-il le parc
« Et les bois dont il est maître. »

A ces mots, bandant son arc,
Le chasseur tire une flèche...
    La biche fuit,
        Son petit
Tombe mort sur l'herbé fraîche...
Las ! c'est perdre son temps que donner des avis
        Aux étourdis.

                    Alexandre FLAN.

LA PORTE DU CIEL.

Chère enfant, que l'amour éclaire,
Comme un rayon de l'arc-en-ciel,
Veux-tu savoir où, sur la terre,
Se trouve la porte du ciel?

C'est. . . . .
    Dans le baiser de ta mère.

ROBERT-VICTOR.

Président de *l'Union des Poètes.*

L'*Union des poètes* est une association littéraire fondée pour offrir aux jeunes auteurs qui trouvent de la difficulté à faire imprimer leur œuvres, un refuge contre le découragement. Cette association composée de Sociétaires et de Membres correspondants, dirigée par un Comité et présidée par un Bureau d'honneur, publie un volume périodique, recueil de pièces inédites que le Comité a jugées digne de la publicité. M. Robert-Victor, son président, nous honore et nous encourage en nous adressant une de ses compositions; sans doute il ne vient au milieu de nous que pour nous appeler à lui. Nous le remercions à la fois, et d'avoir aussi bien auguré de nos sentiments et de sa généreuse initiative; il nous trouvera tout empressé de resserrer de plus en plus l'union fraternelle, dont l'égide doit abriter la poésie et les poètes, si délaissés de nos jours.

Note de la Rédaction.

QUIPROQUO PATERNEL.

C'est d'hier, mais ce siècle, à telle vapeur, marche,
Que vous parler d'hier c'est remonter à l'arche.
Qu'importe, si l'on peint des gens qu'on voit toujours ?
La diligence offrait maint bon type, en son cours ;
Le wagon a-t-il moins plaisante garniture ?
L'homme ne change pas en changeant de voiture...
Je ne viens pas, d'ailleurs, vous faire un conte en l'air ,
Dans ce temps-là, Paul Barthe, un romancier peu clair:
Courait du sud au nord, en Alsace, en Vendée ;
Et, comme il ne courait qu'en chasse d'une idée,
Que, sans l'avoir atteinte, il ne revenait pas,
On finissait toujours par croire à son trépas.
Sa femme, femme honnête, à l'accueil fort aimable,
Vivait comme une veuve, et le trouvait blâmable.
Cependant, il l'aimait, car il était aimant ;
Il aurait même été bon père notamment :

En Bourgogne, il saisit, après très longue fuite,
L'idée en question... qu'il n'a jamais produite ;
Et résolut dès lors, de se faire, à tout prix,
Par Laffitte et Caillard ramener dans Paris.
La diligence, offerte, avait pris tant de monde,
Qu'il ne put s'y caser ailleurs qu'en la rotonde.
Il eut, pour vis-à-vis, nourrice et nourrisson.
Mais dès que l'ample femme eut dit une chanson,
Le petit se maintint à l'état pacifique.
— Vous avez là, nourrice, un enfant magnifique !
Quel âge a-t-il ? — Cinq mois ! —Vous le rajeunissez !
— Pas du tout ! — Quel joufflu ! — C'est qu'il boit
[plus qu'assez !
—Eh ! quel est, dites-moi, le père de cet ange?
— Monsieur Barthe , un fameux écrivain ! — Ciel !
[qu'entends-je ?
Ainsi donc, j'étais père et je n'en savais rien !..
— Quoi ? vous seriez, Monsieur, le père d'Adrien ?
Coup du sort ! je comprends enfin l'énigme écrite,
Où madame m'a dit : « Ramenez-le moi vite ;
« Car son père, éloigné, nous revient au galop ! »
— Tendre femme !.. je suis un lettré qui court trop !
Pour la surprise il faut que je vous rémunère :
Tenez !.. — Dieu vous bénisse, ô bourgeois débonnaire !
Le petit vous ressemble ! il est bien né de vous !
Vous et lui, l'on dirait deux pièces de cent sous !
— Voici trois francs encor pour ce mot qui me touche !
— Il a votre menton, votre nez, votre bouche ;
Il clignera de l'œil comme vous en clignez !..

Tous ces mots-là portaient ; autant d'écus gagnés !
Barthe, de poste en poste, allait, vidant sa bourse...

Heureusement, le char, à Paris, clot sa course.
On débarque, et voici qu'un autre heureux bourgeois
Du nourrisson s'empare et l'embrasse trois fois.
Paul Barthe s'en étonne, et, saisi d'une crainte,
Demande à l'inconnu : « Pourquoi donc cette étreinte?»
On s'explique, on s'échauffe et l'on devient grossier.
— Fâchons-nous poliment, fait notre romancier.
D'un enfant il s'agit ; cette affaire est scabreuse ;
A tête reposée, elle veut qu'on la creuse.
On peut savoir à qui revient cet innocent:
Si j'en crois ce qu'a dit la nourrice, il descend
Du sieur Barthe, écrivain, qui, depuis longtemps, erre..
— Elle était dans le vrai, réplique l'adversaire !
Primo, je dus aller (et j'y fis long séjour)
Hériter en campagne... où j'ai reçu le jour ;
Secundo, d'un extrait de naissance il résulte
Que mon père, épicier, chantre et jurisconsulte,
M'a, pour nom, donné Barthe, et, pour prénom, Sylvain ;
Tertio, quant au point qui touche à l'écrivain,
La nourrice, non plus, n'a pas fait d'imposture,
Attendu que je suis professeur d'écriture...
Je tiens cours rue Aubry ; ma carte, la voilà !..

Paul Barthe fit un froid salut et s'en alla...
Il avait payé cher sa paternité fausse !
Qu'un touriste est trompé ! que d'effets il endosse !
— Chez lui Paul trouva-t-il au moins un descendant ?
— L'histoire, à cet égard, se tait... j'en fais autant.

Prosper DELAMARE.

UNE MÈRE A SON ENFANT.

Mauvais sujet, tu fais le diable à quatre,
    Tu brises tout ;
Tes fleurs de sucre et tes hommes de plâtre ;
    Et l'on t'absout !

Rien ne résiste à ton impatience,
    Jeune égrillard ;
Si jusqu'ici j'ai sauvé ma faïence,
    C'est par hasard.

Sur cet habit que j'ai brodé moi-même,
    Tes doigts gluants
Viennent d'écrire au moyen de la crême
    Trois pâtés blancs.

Mille projets te passent par la tête
    En un moment :
Je n'aime pas que l'on tourne en girouette
    Au moindre vent.

Quoi ! chaque jour tu me fais une niche,
    Un trait nouveau !
Quand je le gronde, il sourit ou pleurniche,
    Ah ! quel bourreau !

Dans ses regards, tu comprends que ton père
    Veut pardonner.
Il me faut donc d'une voix plus sévère
    Te sermonner.

Puisque personne ici n'est assez ferme
  Pour t'affliger,
Moi, je saurai, coupant tout mauvais germe,
  Te corriger.

Enfant gâté, je saurai bien te mettre
  A la raison,
Et l'on verra qui de nous sera maître
  Dans la maison.

J.-B. POURRAT.

A M. LOUIS JOURDAN,

En recevant son charmant article dans le *Causeur*,
sur *les femmes dans cent ans*.

Notre pensée a sa tendresse ;
Elle a des yeux qu'elle choisit ;
Lorsqu'à la foule elle s'adresse,
C'est pour ses aimés qu'elle écrit.

A travers l'océan rapide
Traînant tant de noms dans son cours,
Il est une source limpide
Où son souffle revient toujours !

Ces yeux qui jettent la lumière
Sur l'avenir que nous rêvons ,
Qui nous guident dans la carrière,
Et qu'avec amour nous suivons ;

Cette source en son cours féconde
Portant les inspirations,
Qui, déversant l'idée au monde,
Fertilise les nations !

C'est vous, puissance illuminée,
C'est votre beau nom glorieux !
C'est votre âme au bien entraînée,
C'est votre esprit chauffé des cieux !

Pour vous on est heureux d'écrire,
De penser ce que vous pensez !
On est fier de se voir inscrire
Sur cette sphère où vous passez !

Le poète dit à sa lyre
Son bonheur de voir votre main
Avec ce style qu'on admire
Semer des fleurs sur son chemin.

Le succès que la foule donne
C'est le paiement de l'ouvrier ;
Mais quand vous signez la couronne,
Le salaire devient laurier.

Puisse encore à mon œuvre austère
Venir ces accents respectés
Du siècle qui mène la terre
Aux conquêtes des libertés !

Dans ce doux espoir qui m'enivre,
Des faveurs je ferai l'emploi ;
Le Siècle sera pour le livre
Et le *Causeur* sera pour moi !

Madame Hermance LESGUILLON.

LA FÊTE-DIEU.

Poésie de M. J. LESGUILLON

Musique de M. HOMMES
Professeur au Conservatoire Impérial de ...

[Handwritten musical score for three voices]

me son pris me le plus beau En fants c'est aujourd'hui la fê te, en

me son pris me le plus beau En fants c'est aujourd'hui la fê te, in

fants c'est aujourd'hui la fê te de ce lui de ce lui qui vous ai me

fants c'est aujourd'hui la fê te de ce lui de ce lui qui vous ai me

tant ; en fants c'est aujourd'hui la fê te, en fant c'est aujour d'hui la

tant; en fants c'est aujour d'hui la fê te, en fant c'est aujour d'hui la

fê te de ce lui de ce lui qui vous ai me tant

fê te de ce lui de ce lui qui vous ai me tant.

Il brille au loin sous le saint dôme,
Ce dieu qui vient sécher les pleurs;
Encensons jetez votre arôme,
Vierges, pour lui semez les fleurs!
Sur son regard couvert la fête,
Qu'il vous bénisse en s'arrêtant
Enfants, c'est aujourd'hui la fête
De celui qui vous aime tant!

De cette adorable journée,
Gardez le touchant souvenir;
Enfants c'est pour toute l'année
Que le Seigneur vient vous bénir
Que sa voix en vous se reflète
Et vous redise à chaque instant:
Enfants, c'est aujourd'hui la fête
De celui qui vous aime tant!

ESPRIT CONSOLATEUR

Poesie de M. MONMOREAU.

Musique de A. ELWART,
Professeur au Conservatoire Impérial de Paris.

Ah! viens pour consoler l'exilé sur la terre,
Toi source de la paix, toi source du bonheur ;
Notre vie ici bas est toujours tout amère.
        Esprit consolateur !

Prévue vivre de dangers, nous sommes sans ombrage
Ah! mets nous à l'abri d'un monde séducteur ;
Donne-nous la prudence et la force du sage,
        Esprit consolateur !

QUAND J'ÉTAIS ENFANT.

Entre deux bords fleuris une rivière coule ;
J'y vais rêver souvent, loin des bruits de la foule.
Sur la grève, à mes pieds, j'aime à voir l'eau courir :
Car chaque flot m'apporte un lointain souvenir.

J'avais dix ans alors. — C'est là, sur cette plage,
Que, plus prompt qu'un oiseau dont on ouvre la cage,
Écolier, j'accourais bondissant, et jetant
Ma voix libre aux échos et mes livres au vent.
Comme nous étions fiers, quand notre cri sauvage
Avait fait envoler les oiseaux du rivage,
Et troublé, quel exploit ! les timides poissons !
Puis, guerre aux mariniers ! guerre aux nids des buissons !
Candides Attilas, qui dira vos ravages,
Les bateaux dont vos mains ont rompu les cordages !
Mais — cet âge a du cœur ! — un pauvre avait-il faim ;
Ils lui coupaient bien vite un morceau de leur pain.
D'un beau feu, certain jour, on vit ces folles têtes
Brûler pour les moineaux et les bergeronnettes ;
Et lors, avant d'entrer en classe, le matin,
Tout nouvel arrivant subissait l'examen :

« Voyons : qu'apportes-tu ?... » Et l'on fouillait ses poches,..
Selon ce qu'il avait, compliments ou taloches.

Sur la grève, à mes pieds, j'aime à te voir courir :
Car chacun de tes flots m'apporte un souvenir.
Que de fois sur ton sein, dans ma barque légère,
Fleuve, tu m'as bercé, comme une tendre mère,
Pour endormir son fils, le berce avec amour !
Pourtant, il m'en souvient, tu me trahis... Un jour,
Je tombai dans tes flots et le bruyant abîme
Allait, comme un linceul, recouvrir sa victime.
J'avais sept ans. Ma mère accourut à mes pleurs,
Me sauva, se gardant de nouvelles douleurs.
Plus tard, je m'ébattais sur ton onde mobile,
Le câble se rompit, et mon esquif agile,
Comme un coursier sans frein, entraîné par ton cours,
Loin des bords, loin de tous, fuyait, fuyait toujours.
Un marinier survint ; et sa main aguerrie
Attacha de nouveau mon esquif à la vie.

Age heureux ! Et pourtant j'ai quelquefois pleuré.
L'habit était troué ; le livre déchiré ;
Ma mère me grondait ; et je versais des larmes,
Que tarissait bientôt un baiser plein de charmes.

Puis vint l'instant fatal où le collége ouvrit
Sa large porte sombre, et, sans pitié, me prit.
Il fallut dire adieux aux courses sur la plage,
A la pêche, aux bateaux, aux cailloux du rivage,

A ces flots azurés, mes compagnons de jeux,
A cet air libre et pur, à ces arbres ombreux.
Ce n'était rien encor. Quand des bras de ma mère
Le portier m'arracha, je me roulai par terre :
Fou de douleur et las de dire en vain : « Mon Dieu ! »
Je me mis à crier : « A l'assassin ! au feu ! »

. . . .

Ce grand chagrin passa. Ciel ! qu'ingrate est l'enfance !
Nous étions séparés pour une longue absence ;
C'était affreux ! Pourtant, au bout de quelques jours,
J'y pensais moins souvent... elle y songeait toujours.

Entre deux bords fleuris une rivière coule ;
J'y vais parfois rêver, loin des bruits de la foule.

Un jour, las de la vie avant d'avoir vécu,
Voulant palme et repos avant d'avoir vaincu,
Ennuyé d'un ennui vague, profond, immense,
Je crus qu'il n'était plus pour mon cœur d'espérance.
Les jours avaient coulé sans fleurir mon printemps ;
J'avais déjà souffert, et... j'avais dix-sept ans !
Portant sur l'avenir un œil sombre et farouche,
L'impiété sans frein s'échappa de ma bouche ;
Je dis : « L'oiseau frileux, quand viennent les frimas,
S'en va chercher ailleurs de plus tièdes climats ;
Le nocher a le droit d'éviter le naufrage ;
Ne m'est-il pas permis, à moi, de fuir l'orage,
Et, quand gronde la mer, de me cacher au port?
Contre la vie il n'est qu'un sûr abri, la mort.
Ne vaudrait-il pas mieux cent fois que je périsse
Avant que de mon sein le blasphème jaillisse ;

Que mon âme, au milieu d'un monde corrupteur,
Méconnaisse ton nom et tes bienfaits, Seigneur !
Que ferais-je ici-bas ? La joie est éphémère ,
Le monde, bien méchant ; la douleur, bien amère.
Pour résister, je suis bien jeune, faible et seul.
Couvrons donc notre front du funèbre linceul.
La vertu n'est qu'un mot ! L'ambition, folie !
La gloire est un vain son que bientôt on oublie ;
Le bonheur, un nuage emporté par le vent ;
L'espoir, le rêve d'or que fait le jeune enfant..... »
. . . .
Le gouffre était béant sous mon regard avide.
Les flots tourbillonnaient dans leur course rapide ;
Un pas, et c'était tout. — Oh ! ne sondez jamais
Cette pensée, abîme aux effrayants attraits !
Le vertige saisit le cœur faible et novice
Qui regarde, imprudent ! au fond du précipice.
J'en ai connu plus d'un qui, souvenir cruel !
Ont laissé là tomber et leur âme et le Ciel !

Or, pendant que le gouffre attirait la victime,
Voilà que retentit une voix douce, intime,
Sans doute une voix d'ange. Elle disait : « Espoir !
C'est l'aurore qui luit ; en marche ! et jusqu'au soir,
Courage ! N'est-il rien qui t'attache à la terre ?
N'as-tu pas quelque ami, des parents, une mère ?...
Ta mère ! eh ! qu'as-tu fait, dis-moi, jusqu'à ce jour,
Pour t'acquitter, ingrat ! de ta dette d'amour ?...
Elle avait espéré qu'objet de tant d'alarmes
Son enfant daignerait un jour sécher ses larmes.
Erreur... Allons ! détruis son rêve le plus beau !
Change sa joie en deuil, et creuse son tombeau...

Mets la main sur ton cœur! peut-être au fond de l'âme
Gardes-tu le doux nom d'un ange où d'une femme.
Jeune homme, prends ton faix ; ton bâton, pélerin,
Et marche sans faiblir jusqu'au bout du chemin. »

Depuis, j'ai médité ; j'ai vu couler la vie ;
Elle mêle des biens aux maux qu'elle charrie ;
Et je les ai reçus, ceux-là comme un bienfait,
Ceux-ci comme une épreuve ; et mon cœur, satisfait,
A béni le Seigneur, qui mêle toutes choses,
Les plaisirs aux douleurs, les épines aux roses.

Louis AUDIAT.

L'ENFANT JÉSUS.

A M. Chervin, aîné.

Vierge, sur tes genoux berce
Ton enfant rose et vermeil;
Ton Jésus, à qui Dieu verse
Les rayons de son soleil.

Permets un peu qu'il se penche
Et caresse, enfant chéri,
La toison soyeuse et blanche
De son agneau favori.

Au passereau qui s'envôle
Laisse-le tendre les mains,
Et te faire une auréole
Avec les fleurs des chemins.

Saint Jean voit ton fils qui joue
Et se prend à l'admirer ;
Jésus lui tend une joue,
Saint Jean n'ose l'effleurer.

Son œil sur Jésus s'arrête,
Son doigt montre le ciel bleu,
Et déja l'enfant-prophète
A deviné l'enfant-Dieu.

Saint Jean, l'enfant grave et juste,
Précurseur de Jésus-Christ,
Des deux branches d'un arbuste
Dessine une croix et dit :

Jésus, le Seigneur m'inspire ;
Une croix, voilà ton but...
De l'instrument du martyre,
Fais un gage de salut.

Saint Jean, courbé vers la terre,
Devant son maître à genoux,
Dit encor : De par ton père
Si tu doit souffrir pour nous....

C'est qu'un royaume se fonde,
Dont tu dicteras les lois :
Ce royaume, c'est le monde...
Et ton sceptre, c'est la croix.

Alexandre FLAN.

LE PROGRÈS.

A mon ami André Lacroix.

J'ai besoin de causer. — Sur quel sujet? — Qu'importe!
La folle du logis, ce soir, frappe à ma porte,
Il pleut! — Le vent du nord, en mon castel étroit,
Ebranle, à coups pressés, ma fenêtre et mon toit.
Je me suis, vous savez, fait ermite, avant l'âge;
J'ai fixé, pour longtemps, ma jeunesse volage
Dans un bon vieux réduit, où j'ai, pour horizon,
Un vieux manoir, couvert de lierre et de gazon.
Des sires de l'endroit j'évoque les fantômes,
En compulsant, par-ci par-là, deux ou trois tomes !
De Mathurin Régner, je saute à Rabelais,
Don Quichotte m'amuse, à Marot je me plais,
Et je m'endors souvent (coutume sacrilége !)
Sur mes alexandrins, ou... l'almanach de Liége...

6

Que faire, en temps d'hiver, si non causer un peu,
Le dos courbé, les bras pendants, les pieds au feu ?
Tenez, un mot profond me tombe sous la plume,
Qui fournirait, ma foi, matière à gros volume,
Mais que je ne puis, moi, traiter que d'un seul jet,
C'est-à-dire, en courant, effleurer le sujet.
Si vous le permettez, j'en dirai quelque chose,
Un quart-d'heure suffit, — peu de mots, — point de glose;
Laissez-donc, un instant, la Bourse et le Congrès,
Et, dans ce premier point, jasons sur... le Progrès.

Ami, vous avez lu dans nos vieilles chroniques;
Votre œil d'historien, sondant les temps antiques,
A parcouru déjà bien des récits divers,
Quelques uns glorieux, quelques autres pervers ;
Vous avez vu, foulant aux pieds l'argile humaine,
D'un côté, la douceur, et, de l'autre, la haine,
D'un côté, la lumière, et, de l'autre, la nuit,
Ici, tout en silence, et, là-bas, tout en bruit !
Mais partez de ces temps, où l'homme, sans culture,
Sortait, pauvre et banni, des mains de la nature,
Non point, comme autrefois, quand, riche sans besoins,
Tout existait pour lui, tout fut créé, du moins,
Mais sombre et désarmé, pleurant et solitaire,
Creusant, à chaque pas, sa fosse dans la terre
Où, triste, il descendait, sans mot consolateur,
Marqué, comme Caïn, du sceau réprobateur !
De cet âge éloigné, dont nous savons l'histoire,
D'un crime pardonné victime expiatoire,
Au siècle où nous vivons, par le labeur blanchi;
Quel abime comblé ! — quel océan franchi ! —
Autrefois le chaos, maintenant la lumière;

Partout comme écrasé par sa faute première,
Le proscrit du Seigneur, le rebelle à ses lois,
Vivait péniblement dans l'épaisseur des bois.
Captif au sol ingrat d'une ingrate nature,
Le gland tombé du chêne était sa nourriture,
Un antre caverneux lui servait de maison,
Créé pour commander, il vivait en prison ;
Les arts, fils du bien-être et de l'intelligence,
N'avaient jamais vêtu son obscure indigence,
Il fallut, pour le rendre au point où le voilà,
Que le Dieu du Thabor, de nouveau, s'immolât !

Ici, ne craignez point qu'au nom de la satire,
Je me permette, ami, le droit de tout vous dire,
Et, de force ou de gré, vous prenant par la main,
Je vous oblige encore à faire un long chemin.
Je ne suis pas de ceux que flagellait Horace ;
Le servile troupeau, toison de pire race,
Ne me verra jamais, talonnant son crédit,
Répéter les vieux airs que vingt fois il a dit.
Ma muse, oiseau frileux, sans nid et sans bocage,
Chante pour elle-même, aux barreaux de sa cage,
Et n'attend désormais, inconnue à demi,
Qu'un bouton printanier, ou qu'un regard ami.
Du sphinx égyptien laissons le logogriffe,
Aux crédules Pisans, l'animal hippogriffe !
Des âges de Memphis au berceau des Césars,
De l'Attique et d'Argos, ces deux mères des arts,
Au temps où l'empereur qu'on nommait Charlemagne,
Battait les rois saxons dans les champs d'Allemagne,
Du siècle d'Aspasie, au siècle troubadour,
A Versaille, où régnait la reine Pompadour,

Oui, vers ces temps fameux à quoi bon redescendre?
De ces vieux feux éteints pourquoi souffler la cendre?
Pourquoi redire encor que, payant ses vertus,
Socrate agonisait, tué par Anytus,
Qu'alors, comme aujourd'hui, le génie en guenille,
A parfois envié le sort de Mascarille,
Et qu'un même cachot tour à tour écrasa
Le Tasse et Palissy, Vésale et Spinosa!

Sans doute, on peut encor trouver à la fontaine,
L'amphore et la candeur de la Samaritaine,
Et du roi patriarche admirant les troupeaux,
Moduler un doux chant sur d'agrestes pipeaux ;
Je ne dédaigne pas les bergers de Virgile,
J'aime assez le bon vin dans les cruches d'argile,
Et même je suivrais, trouvère ou paladin,
Roland à Roncevaux, et Blondel au Jourdain !
Pour être *un âge d'or*, n'en déplaise à Zoïle,
En vices effrontés notre siècle est fertile,
Et sans vouloir, mon cher, ériger en sermon
Cette épitre qu'ici me dicte la raison,
J'ai le droit de crier, bien haut, sans anicroches,
« Oui, notre âge est sans peur, mais non pas sans reproches!»

Mais enfin qui jamais eut la prétention
De peindre un siècle allant à la perfection ?
J'ai bien lu des auteurs l'assommante séquelle,
Panurge et Grandgousier en savent plus long qu'elle,
Et je m'en tiens assez à leur entendement,
Pour prouver mon *dictus, très logicalement*.
Voyageur étonné, regarde dans l'espace,
Ce taureau bondissant qui mugit et qui passe,

Plus rapide que l'aigle, au loin, fendant les airs,
Ou le brûlant simoun qui hâle nos déserts.
Il traîne, au bruit strident d'un sifflement sonore,
A travers vals et monts, qu'en sa course il dévore,
Tout un monde éveillé par sa puissante voix,
Habitants des cités, des palais et des bois,
Vieillard qui se souvient de la barque et du coche,
Jeune homme aux blonds cheveux que le hasard rapproche,
Enfants de l'avenir, qui tous, nouveaux croisés,
Vont porter le Progrès aux champs civilisés.

Qui dira ce, qu'un jour, cette locomotive,
Puissance redoutable et dans nos mains captive,
Peut enfanter de grand, aux âges à venir?
Dieu seul! — à lui le droit de maudire ou bénir! —

De Munke et de Volta, savants aux rudes veilles,
Qui de nous, maintenant, ignore les merveilles?
Miracle! des confins du Tage à l'Hélespont,
L'éclair vole et jaillit et la pensée répond!
Voyez, sur l'océan, cette vague écumante
Qui, comme un mont neigeux que roule la tourmente,
Emporte, en mugissant, des bords lointains venu,
Ce vaisseau qui bientôt se perd dans l'inconnu!
Il est nuit! — on entend souffler le vent d'automne,
Pleurante et priant Dieu, sur la plage bretonne,
Une famille, hélas! épouse, enfant et sœur,
Suit longtemps, du regard, la voile du pêcheur.
— Il est doux de prier! — redoublez vos prières! —
Mais le marin perdu reverra ses bruyères;
Il a, pour guide, au ciel, l'étoile et le compas,
Sûr, l'aiguille d'aimant ne le trompera pas.

Dirais-je les travaux des enfants de Bellone
Que le siècle applaudit, du haut de la colonne ?
Des palmes de la paix couvrant nos pavillons,
Montrerais-je, en champ-clos, ces nombreux bataillons
D'artistes éprouvés, que le génie inspire,
Veillant, par le Progrès, au salut de l'empire !
Suivrais-je, dans les airs, loin du doute emporté,
Le phare aérien par Pilâtre inventé?
Sur les pas de Lesseps, au pays des Sultanes,
A l'ombre des palmiers, à l'ombre des platanes,
Irais-je te planter, tente du voyageur !
O champs de mon pays où j'aime à voir, songeur,
Aux premiers jours de mai, le vol des hirondelles,
Laissez-moi vous quitter, je reviendrai comme elles.
L'Arabe en ses déserts, le Same en ses frimats,
Six mille ans endormis sous leurs divers climats,
Au seul ..... de nos pas sur leur terre promise,
Rappellent leur génie, absent depuis Moïse !
Jenner, Colomb, Papin, Riquet, Vauban, Newton,
Esculape et Lycurgue, et Socrate et Platon,
De Madras à Bombay, de Paris à Maldive,
Allument le flambeau de leur gloire tardive !
Tout, à pas de géants, marche vers le Progrès,
Il n'est plus du passé qu'inutiles regrets !

Oh! si, pour un instant, de l'école échappée,
Ma lyre prisonnière essayait l'épopée,
Que de sujets nouveaux, riche dès son matin,
Elle s'embellirait d'un splendide butin !
Le monde aux quatre vents jette ses découvertes,
Tout devient oasis en nos îles désertes,
Et dans ce grand combat, où l'avenir est beau,
C'est notre France, ami, qui porte le flambeau !..

Comme le laboureur qui compte ses javelles,
Souvent au souvenir de ces grandes nouvelles,
D'abord, épis naissants, puis belles gerbes d'or
Que notre humanité moisonne et sème encor,
Le cœur ému, tout fiers d'être ce que nous sommes,
Moins que le créateur, mais frères de ces hommes
Qui, dans la nuit obscure, une torche à la main,
Tracent le grand sentier où va le genre humain,
Je me suis dit : Allons ! il est donc dans cet âme
Qu'un esprit inconnu réveille, inspire, enflamme,
Quelque chose du ciel, quelque rayon divin
Qu'un pourceau d'Épicure attendrait, mais en vain.
Jadis, chaque matin, au réveil de l'aurore,
Le colosse Memnon, que le Nil voit encore,
Rendait, assure-t-on, des sons harmonieux,
Dès qu'un rayon sur lui brillait du haut des cieux.

Ami, sans invoquer dans leur sotte origine,
Tous ces dieux conservés sur... des vases d'Egine,
Croyons en notre siècle, en ses progrès j'ai foi,
Et n'interrogeons pas l'insoluble pourquoi.
L'homme, a dit un penseur, s'agite et Dieu le mène,
L'avenir est à lui, l'espace est son domaine,
Il peut, en liberté, déployer son essor
Guidé par le travail, et le travail encor.
Il pense, et sous ses doigts qu'un noble instinct dirige,
La matière se meut, rien se change en prodige,
Et comme Prométhée, étrange ravisseur,
Sur un autre Elborus, si l'aigle punisseur
Vient déchirer ses flancs qui portent tout un monde,
Le rayon est conquis, l'avenir le féconde.
Laissons dans leurs regrets ces hommes ténébreux

Qui vantent du passé les charmes peu nombreux,
Et contre le présent s'armant de la satire,
S'efforcent de pleurer quand... nous venons de rire,
Ah ! lorsque nous voyons surgir de tous côtés
Ces merveilles du beau qui peuplent nos cités,
Quand notre humanité, qui déchire ses langes,
Jette dans le ruisseau sa guenille et ses fanges,
Vers le bien, vers le beau, chaque jour fait un pas,
Croyons en Dieu, mon cher, ne désespérons pas !

Léon GONTIER,

LA FEMME SAVANTE.

(Fragment de la vɪe satire de Juvénal. V. de 433 à 455)

Un mari trouvera la chose insupportable,
Si sa bavarde épouse, en se mettant à table,
Vient à louer Virgile, à pleurer sur le sort
De la triste Didon qui se donne la mort,
A juger les auteurs, à critiquer sans gêne
Le chantre de Priam, de Pâris et d'Hélène.
Poète, grammairien, orateur, avocat,
N'osent lui disputer la palme du combat,
Et, ce qui rend surtout la victoire complète,
C'est qu'une femme écoute et demeure muette.
On dirait qu'on entend résonner des grelots,
Ou bien s'entrechoquer mille débris de pots.

Le bruit n'est pas plus fort, quand la foule empressée
Vient porter des secours à la lune éclipsée. (1)

L'excès même du bien peut devenir un mal ;
Et celle qui prétend au savoir magistral,
Prenant peut-être un jour une allure stoïque,
Au dessus du genou lèvera sa tunique, (2)
Invoquera Sylvain, et pour un seul quadrant (3)
Dans les thermes publics ira ternir son rang.
Si la femme, le soir, qui partage ta couche,
Se croyant philosophe, a toujours à la bouche
Des mots vides de sens qu'elle ne comprend pas,
Si l'enthymène obscur pour elle a des appas, (4)
Bientôt embarrassé de ta fausse savante,
Tu lui préfèreras une simple ignorante.
Je hais celle surtout qui, dès le grand matin,
Pense devoir tenir une grammaire en main,
Commente Palémon et, posant en puriste, (5)
Pour les petites gens se montre rigoriste.
Si son pauvre mari, légèrement distrait,
Commet un solécisme, elle crie au forfait.

Paul SAINT-OLIVE.

(1) Quand la lune subissait une éclipse, on pensait l'aider à sortir de l'état de peine dans lequel elle était présumée se trouver, en faisant un grand bruit.

(2) Les philosophes portaient la tunique relevée au dessus des genoux, tandisque les vêtements des femmes descendaient jusqu'aux talons.

(3) Sylvain, le génie que les hommes invoquaient. Le quadrant, petite monnaie de très minime valeur, et qui, dans les bains publics, ne donnait accès qu'aux places réservées aux gens des classes inférieures.

(4) L'enthymène, espèce de raisonnement, en usage dans les écoles de philosophie.

(5) Palémon, célèbre grammairien.

EPITRE.

A M. Chervin, aîné.

Après trois ans remplis de veilles, de travaux,
Espoirs douteux parfois suivis d'efforts nouveaux,
Jours et nuits sans relâche occupés en silence
A soupeser des vers jetés dans la balance,
A poser avec ordre, ensemble harmonieux,
Près des graves tableaux les dessins gracieux,
Labeur où, du bon sens appliquant le contrôle,
L'éditeur, comme au goût fidèle à sa parole,
Pour accomplir le plan dans ses rêves conçu,
A peut-être donné bien plus qu'il n'a reçu,
La Muse, voile haute, à bon port amenée,
Commence avec bonheur sa quatrième année !

De ce zèle avec nous bénissez donc l'effet,
Vous, second créateur d'un organe imparfait (1)
Qui rival bienfaisant de l'abbé de L'Épée

---

(1) La bonne nouvelle qui a réjoui les amis des Sourds-Muets,
se confirme, car nous lisons dans le *Journal de Villefranche* (Rhône):
« M. Chervin, aîné, avait été désigné l'année dernière par M. le
sénateur Waïsse, chargé de l'administration du département du
Rhône, pour aller suivre, à Paris, le nouvel enseignement des
Sourds Muets, proposé par M. le docteur Blanchet. M. Chervin
s'est empressé, à son retour, de se mettre à l'œuvre, et les résultats
obtenus sur deux petits Sourds-Muets, placés dans son école parmi

Béformez la nature en son œuvre trompée,
Par le zèle assidu des savantes leçons
Redonnez au muet la parole et les sons,
Et par *les yeux, le tact*, des sens sublime usage,
Faites au cœur du sourd pénétrer le langage,
Renaissance admirable à deux malheurs surpris
De sentir la pensée ou de se voir compris.

Certes, la poésie, agaçante coquette,
N'eut jamais pour défaut celui d'être muette,
Et surtout dans ce siècle, où, par droit de cité,
Du don de la parole elle use en liberté.
Elle chante partout, intrépide bavarde,
Dans le salon pompeux et dans l'humble mansarde,
Et, comme un amateur déployant son rouleau,
Sans songer au public roucoule ses solo,

150 parlants, sont de nature à recommander vivement cette nouvelle innovation. Nous avons pu en juger par nous-même. Un de ces petits disgraciés de la nature, âgé de sept ans, qui ne comptait encore que six mois d'étude, nous a été présenté, il a *écrit, lu*, et *prononcé* une trentaine de mots dont il avait une intelligence parfaite. Sa confiance pour son professeur et même pour les étrangers le portait à questionner sur tout. C'était notre tabatière qui était trop grande, une chaise qui était trop haute, un tableau qui charmait ses yeux, etc., etc. De là observations sur observations; comme cet enfant ne faisait usage que de gestes naturels, copiés dans la fréquentation de ses camarades entendants, parlants, nous avons bientôt pu adopter son langage et nous mêler à la conversation, avantage que nous n'aurions pas eu si l'enfant s'était servi de ces signes conventionnels, seulement connus des adeptes. Nous félicitons donc M. le docteur Blanchet et M. Chervin de leur zèle, de leur dévouement à une cause pour laquelle on a sans doute beaucoup fait; mais pour laquelle il reste encore énormément à faire. »

Là, creusant son sillon, mugit le lourd poème ;
Là, se plaint l'élégie inconsolable et blême ;
Ici l'ode, essayant un vol ambitieux,
S'envole étourdiment heurter sa tête aux cieux.
Plus loin, l'amant discret compromet sur les grèves
L'ange de ses pensers qu'il n'a vu qu'en ses rêves,
Ou confie aux quatrains d'un sonnet éperdu,
Le nom d'un objet cher qu'il n'a jamais perdu !
C'est comme la rumeur du peuple des abeilles,
Qui vont de Flore au loin ravager les corbeilles,
Et plus lourdes des sucs de la rose et du thym,
A la ruche brûlante apportent leur butin.
On dirait ces maçons, surpris dans leur corvée,
Qui, laissant de Babel la tour inachevée,
Affligés tout à coup d'idiomes divers,
Vont porter leur syntaxe aux bouts de l'univers.

Comme si de Platon ils craignaient la colère,
Les poètes s'en vont ! dit le cri populaire ;
Erreur ! les voyez-vous renaître plus nombreux
Que ces mânes errants au séjour ténébreux
Priant le nautonnier du Styx qui les enchaîne,
De les transporter tous sur la rive prochaine,
Ou fantômes craintifs pendant le jour cachés
A leurs lits de repos tout à coup arrachés,
Ces ombres qui du sol sortant l'une après l'une
Profitent de la nuit pour danser à la lune.
Et tout cela, jaloux des rumeurs du moulin,
Jase si haut, si dru que le public malin,
Contemplant, plein d'effroi, l'auguste poésie
D'un tel flux d'éloquence obstinément saisie,
En voyant détaler son Pégase au grand trot,
Dit qu'elle parle assez ou qu'elle parle trop.

Mais si la poésie, hélas ! n'est pas muette,
Dans cette époque ardente, agitée, inquiète,
Traînant des capitaux le pesant attirail,
Attentive au seul bruit du piston ou du rail,
Captivée à l'argot du report ou de terme,
J'achète fin courant, je vends doux, je tiens ferme,
Le monde, nous laissant haranguer les déserts,
Comme un roc insensible, est sourd à nos concerts !
Et si j'osais, sur l'or portant mon doigt d'argile,
Changer une consonne aux beaux vers de Virgile,
Me plaignant aujourd'hui comme on faisait jadis,
Je dirais en pleurant : *Nos canimus surdis?*
Nous chantons pour les sourds, et la forêt profonde
N'a pas même à nos voix un écho qui réponde !

Mais une bonne fée, ainsi qu'au vieux roman,
Pour calmer nos douleurs, gardait un talisman.
Tout, d'un coup de baguette, ou disparaît ou change ;
Elle veut ! et soudain par ce prodige étrange
Qui, prêtant aux muets d'insolites discours,
Comme avec un vivant converse avec les sourds,
La Muse, ranimant l'organe qu'elle éveille
Fait entendre sa voix à qui fermait l'oreille.

Orpheline longtemps, elle trouve aujourd'hui
Dans la main qui l'accueille un fraternel appui ;
Par l'attrait d'un tribut, même au banquier facile,
En tous lieux accueillie, elle prend domicile ;
Elle entre en ces salons où les femmes, le soir,
Aux rayons du carcel vont en cercle s'asseoir,
Et l'ange du foyer de sa voix pure et tendre
Lit ces vers délicats que l'enfant peut apprendre.

Dans l'abri studieux, gymnastique séjour,
Où germent les talents pour briller au grand jour,
Où se forme, soumise au joug de la grammaire,
Celle qu'un monde attend pour être épouse et mère,
La chaste poésie, aux suaves discours,
Glisse dans la leçon, ou préside aux concours,
Et la note, élevant le rhithme sur son aile,
Remplit de ses accords la fête solennelle,
Carrouse du savoir, où les jeunes esprits
Du zèle et du travail vont recueillir le prix !

Au bruit charmant des vers qu'un sens profond anime
Le monde ouvre son âme et sa pensée intime ;
Son souvenir, m'iroir des temps qui ne sont plus,
Garde, comme un trésor, le nom de ses élus.
Là, philosophe aimable et poète de race,
DESCHAMPS sème en prodigue et l'esprit et la grâce ;
Lançant à travers ponts son lourd vertugadin,
Avec son nerf gaulois et son conte badin,
DELAMARE au ton franc, à la verve procaec,
Estompe ses récits des couleurs de Bocace,
Et SÉGALAS, aux deuils mêtant ses diamants,
De brillants concettis dore les sentiments.
Que dis je ! l'Institut malgré ses palmes vertes,
Vient frapper sans façon à nos portes ouvertes ;
C'est VIENNET quarante ans par la lutte éprouvé,
Ou, nom doublement cher aux femmes, LEGOUVÉ !
Puis enfin, si je dois laisser quelque mémoire,
HERMANCE dont l'éclat peut suffire à ma gloire,
Qui jetant aux abus le sarcasme vainqueur,
Souffre avec la pensée et parle avec son cœur.

Et vous, riche famille en nos murs établie,
Gardez-vous de penser que mon goût vous oublie,
Vous, voyageurs nouveaux au glorieux chemin,
Qui, jeunes aujourd'hui, serez maîtres demain,
Mais trop nombreux au sein de notre aréopage,
Vos noms dans ce factum prendraient toute la page,
Et je laisse aux lecteurs, jury reconnaissant,
Le soin de vous venger en vous applaudissant,

Venez donc prendre place en ce tournoi modeste,
Vous, fils du ciel, nourris de la manne céleste
Vous dont le front rayonne à l'immortel flambeau,
Vous, consacrés au culte et du grand et du beau,
Qui savez, ciselant les lignes cadencées,
Du langage divin revêtir les pensées !
Amis que nous nommons, comme amis inconnus.
Au seuil hospitalier soyez les bienvenus !
Dites-nous vos espoirs, vos rêves, vos alarmes !
Contez-nous vos bonheurs, surtout aussi vos larmes !
Montrez-nous, entr'ouvrant votre âme des deux mains,
Ce qui meut et palpite aux abîmes humains !
Chantez la charité, baume aux douleurs amères,
L'amour pur des enfants, le dévoûement des mères,
Et ces élans au bien, hymnes intérieurs,
Qui nous rendent heureux en nous faisant meilleurs.
Mais n'allez pas, touchant aux cordes sympathiques,
Transfigurer *la Muse* en recueil de cantiques !
Lorsqu'au souffle imprévu de l'inspiration
Le poète saisit la harpe de Sion,
Il doit portant l'idée à la forme sublime,
L'élever au niveau des concerts de Solime !
Dieu sourit à l'amour qui bénit ses grandeurs !

Mais l'homme y veut du ciel retrouver les splendeurs ;
Si le rhithme est rebelle à la divine extase,
Le prophète s'efface et l'idéal l'écrase.
De l'époque à son tour étudiez les mœurs !
Tracez-nous des esprits les changeantes humeurs ;
L'honnête homme aime assez quelque peu de satire ;
Le sarcasme aiguisé que la sottise attire,
Du sage obtient souvent le rire approbateur ;
Le grave satirique est un bon orateur ;
Et le trait que son bras sur les vices dirige
Vaut pour les auditeurs un sermon..... s'il corrige !

Comme aux parvis sacrés pour le fidèle ouverts,
Portons, derniers croyants, l'offrande de nos vers ;
Puisque Paris, fournaise à tant d'espoir fatale
Offre aux soifs du talent, le tourment de Tantale,
Montrons lui que loin d'elle, et bravant ses fiertés,
La poésie encore allume ses clartés !
Reine dans tout pays, prouvons lui que son trône
Comme aux bords de la Seine est aux rives du Rhône ;
Qu'un titre, sombre écho d'un souvenir de deuil,
Peut aujourd'hui pour nous être un titre d'orgueil,
Et qu'en fait de beaux arts, paisible oligarchie,
Lyon pour l'avenir est la Ville affranchie.

J. LESGUILLON.

CHANTONS, CHANTONS.

Hymne à l'Eternel.

Poésie de Mr CLAUDIUS BLAIN

Musique de Mr JOSEPH POMPOGNE
Professeur des Ecoles Communales de Lyon

1re Soprano — Chantons chantons ren.... Dons un pur hom-ma.........ge au Dieu puis....sant qui rè.gle l'u...ni...vers Que son saint nom soir bé.....ni d'âge en â..........ge, Et pour sa gloire u......nis....sons nos con...

2e Soprano — Chantons chan.tons ren...Dons un pur hom.ma.........ge au Dieu puis...sant qui rè.gle l'u...ni...vers Que son saint nom soir bé.....ni d'âge en â..........ge, Et pour sa gloire u......nis....sons nos con...

certs et pour sa gloire et pour sa gloire u... nis... sons nos con-

certs et pour sa gloire et pour sa gloire u... nis... sons nos con-

certs et pour sa gloire u... nis... sons nos con-certs.

certs et pour sa gloire u... nis... sons nos con-... certs

Solo.

De l'É...ter...nel tout nous dit l'e...xis...ten...ce tout à nos

yeux prouve un Dieu Cré...a...teur, Par ses bienfaits nous voyons sa puis...

san...........ce son a...mour seul é.......gale sa gran...deur.

Astre brillant, ta splendide lumière
N'est qu'un rayon de sa vive clarté,
Les vents, les flots et la voix du tonnerre,
Tout nous révèle un Dieu de majesté.

Chantons, chantons &c.

Ce Dieu si grand, dans son amour extrême
De ses enfants n'exige que le cœur,
Sa volonté c'est que toujours on l'aime,
Suivre sa loi c'est toucher au bonheur.

Chantons, chantons &c.

Nota. Nous avons écrit dans La Fête-Dieu, Poésie de Mr Lesguillon, musique de Mr Elwart: le prisme le plus beau, au lieu de: le prisme le plus éclatant.

ISOLEMENT.

A une Grand Mère.

Vous que le Ciel dota de trésors de tendresse,
Vous qui devez revivre en vos nombreux enfants,
Oh ! vous ne savez pas quelle amère tristesse
Chaque jour, à tout heure assiége mes vieux ans.

Souvent vous m'avez dit vos craintes, vos alarmes,
Vous m'avez raconté de profondes douleurs, ·
Et je vous écoutais : jalouse de vos larmes,
Je vous les enviais, j'y trouvais des douceurs.

C'est que vous ignorez quelle triste pensée
Votre plainte savait éveiller dans mon cœur ;
Vous ne deviniez pas que la femme isolée,
Aimerait mieux mourir que vivre sans douleur.

Venez passer un jour sous mon toit solitaire.
Je vous demande peu, c'est un jour seulement ;
Et puis, vous comprendrez votre bonheur de Mère,
Vous direz avec moi : Tout, hors l'isolement.

Le matin au réveil vous trouvez un sourire,
Et vos charmants enfants vous donnent un baiser ;
Ne vous attardez pas, car j'ose vous prédire,
Qu'un bel ange avec vous ira bientôt causer.

Moi, l'on ne m'attend pas, et je n'ai point la crainte
De voir à mon réveil un tendre et doux regard
Qui m'attend, m'interroge ; et, sans nulle contrainte,
Je puis suivant mon gré me lever tôt ou tard.

Hâtez-vous, hâtez-vous, car chacun vous réclame,
Et veut vous consulter sur mille petits riens ;
La mère est le conseil, elle est le guide, l'âme ;
Comme le temps s'enfuit en ces doux entretiens !

Je ne me presse pas, car je n'ai nulle affaire.
L'art va me consoler, bien mieux que le roman.
Arrière mes pinceaux..... prévision amère !
J'aperçois cette toile au milieu d'un encan.

Et puis, voilà venir le dîner de famille,
Où je vois chaque jour qu'il faut serrer les rangs ;
C'est une voix de plus, c'est un fils une fille
Qui vient vous dire : Oh vis pour tes enfants.

Je vais dîner aussi, et ma petite table
Attend la solitaire. Oh..... mais..... je n'ai pas faim
J'étouffe..... Il a dit vrai le docteur adorable :
L'homme, émané de Dieu, ne vit pas que de pain.

L'hiver, autour de vous, empressé de se rendre,
Le soir on se resserre, et l'on cause, et l'on rit,
Vous ne pouvez suffire à tout voir, tout entendre ;
Souvent on cause encor lorsque tinte minuit.

Et tandis que pour vous le temps fuit et s'envole,
Assise tristement à mon triste foyer,
J'écoute sonner l'heure, et ce qui me console,
C'est qu'elle dit tout bas : Je viendrai te chercher.

Ainsi passent mes jours, ainsi ma vie entière,
Tristes, décolorés, sans joie et sans douleur.
Vous qui me refusez les amours de la terre,
Mon Dieu, fortifiez, ou reprenez mon cœur.

Mᵐᵉ de BRISTESTE.

LA BERCEUSE DU PRINCE.

Près d'un berceau qu'elle agitait,
Sous le beau ciel des Pyrénées,
Une berceuse ainsi chantait,
Au bruit des vagues déchaînées ;
Unissant au balancement
Sa voix naïve et régulière,
Elle disait bien doucement :
Prince, fermez votre paupière.

Mon prince, j'ai lu qu'autrefois,
Sous les verroux, dans la torture,
Mourut un héritier des rois,
Privé de soins, de nourriture.
On l'éveillait à tout moment ;
Il succomba dans la misère.
Ma main vous berce doucement,
Prince, fermez votre paupière.

On dit que l'un de vos aïeux,
Ce fils du guerrier qu'on renomme,
Des promeneurs charmait les yeux,
Couché sur la pourpre de Rome.
Mais de l'exil, apparemment,
La solitude est meurtrière.

Ma main vous berce doucement,
Prince, fermez votre paupière.

Mon prince, il m'en souvient encor,
Un jour on courtisait en France,
Sous des brocarts de lis et d'or,
Un enfant de la Providence.
Je ne sais quel événement
L'attache à la rive étrangère.
Ma main vous berce doucement,
Prince, fermez votre paupière.

Prince, on voyait dans ces écrits,
Ces journaux dont Paris fourmille,
La liste de nombreux proscrits
Conduits bien loin de leur famille.
N'est-ce pas un cruel tourment
Pour des enfants, pour une mère ?
Ma main vous berce doucement,
Prince, fermez votre paupière.

Jugeant qu'alors il sommeillait,
S'incline la jeune berceuse.
Avec ferveur elle priait,
Murmurant d'une voix pieuse :
Faites, mon Dieu, qu'il soit clément ;
Que rien ne trouble sa carrière !
Puis elle approche doucement :
Le prince a fermé sa paupière.

Ad. Détroyat.

A M. J. LESGUILLON

Poète, romancier et auteur dramatique (1).

Merci, maître indulgent, vous dont la muse aimée
Sur notre cher recueil penche sa renommée,
Et d'un regard du cœur animant ses rivaux
Accorde un pareil prix à nos premier travaux ;
Vous, poète choisi, dont la vive pensée
Eclate en vers charmants d'un seul jet élancée,
Comme ces flots pressés qui, sous le sable errants
De l'abîme entr'ouvert, s'échappent en torrents !

On dirait, que pour vous, au jour de la naissance,
Prodiguant les bienfaits de sa munificence,
Une fée, au berceau vous versant son trésor,
Entre vos jeunes mains mit la baguette d'or.
Quel que soit le sujet où votre esprit se pose,
Vous vous jouez en vers comme on se joue en prose ;
Sous vos doigts, dur métal qu'un seul toucher polit,
L'objet le plus rebelle au rhythme s'assouplit ;
Vous mariez, fidèle au sens qui les opprime,
La splendeur de la phrase aux splendeurs de la rime,
Et la forme, qu'un mot ou qu'un tour rajeunit,
Se ploie, esclave heureuse au joug qu'elle bénit !

Merci, trois fois merci, du bienveillant suffrage
Qui double l'espérance en doublant le courage,

(1) Voir l'Épitre de M. Lesguillon, page 90.

Non comme un juste prix à l'œuvre mérité,
Mais comme un gage ami de sa prospérité ;
Semblable à cette voix puissante et fraternelle
Qui du bout du champs clos aux combats nous appelle,
Quand l'athlète vainqueur, aux lutteurs qui viendront,
Montre le vert laurier qui décore son front.

Puisse à de tels accents, et leçon et modèle,
Venir à nous toute âme aux vers encor fidèle
Qui n'abandonne pas, dans ce siècle oublieux,
Le divin dialecte enseigné par les cieux.
Comme à l'appel du Dieu, resplendissant génie
Versant sur l'univers la flamme et l'harmonie,
Accouraient, de sa lyre enviant les douceurs,
Les filles de mémoire, et les Grâces leurs sœurs,
Et qu'au bruit de leurs chants retenant leurs haleines
Les Faunes et les Vents se taisaient dans les plaines.

Mais vous, lecteurs, de l'art despotiques visirs,
Protégez l'arbrisseau planté pour vos loisirs !
Rassurez-vous pourtant ! sur ce mince opuscule,
N'allez pas croire, hélas ! qu'un commerçant spécule !
Loin du pauvre éditeur cet horrible travers !
On ne fait pas fortune à publier des vers ;
Le Permesse jamais ne se mêle au Pactole,
Et nous savons le poids des deux tiers de pistole.
Mais du sommet en bas rien ne se fait gratis,
Et de grands intérêts vivent sous les petits.
Tout obscur, tout modeste enfin que soit le fleuve,
Songez-vous quelle foule à son courant s'abreuve?
A ces lèvres qui vont sur ses eaux se baissant,
Ce qu'il jette de joie et de vie en passant?

L'adroit compositeur qui, le doigt sur les lignes,
Rassemble tous les mots qui se rangent en lignes ;
Le prote, signalant d'un coup d'œil délié,
Ou la voyelle absente ou l'accent oublié ;
Ce robuste ouvrier qui, penché sur la presse,
Sous son écrou pesant l'incline ou la redresse,
Se courbe, se relève et d'un bras haletant
Présente le cylindre au papier qu'il attend ;
Celui qui l'apprêta, celle qui le recueille,
Pauvre et débile enfant qui, repliant la feuille
Et des cahiers épars reliant les faisceaux,
Des volumes brochés entasse les monceaux ;
L'homme qui, le matin éveillant votre porte,
Y dépose pour vous le journal qu'il apporte :
Depuis le fabricant jusques au chiffonnier
Des débris qu'on dédaigne emplissant son panier,
Tout cela, peuple actif qui souffre et qui fourmille,
A sa mère, ses fils, sa femme, sa famille,
Qui, du cher travailleur épiant le retour,
Attend son pain du soir des fatigues du jour.
Ainsi toute pensée, ou profonde ou frivole,
Représente un besoin qu'elle apaise ou console,
Et respectable encore aux yeux de la raison,
L'œuvre même d'un sot fait vivre une maison.

Donc courage ! et qu'ainsi soutenus l'un par l'autre,
Dans le même intérêt trouvant chacun le nôtre,
De la vie au travail, dispensant le bienfait,
Auteurs, lecteurs, amis, puissions-nous avoir fait,
A l'heure où finira l'an nouveau qui va suivre,
Vous la bonne action, comme nous le bon livre !

CHERVIN aîné.

L'AMI DE L'ENFANT.

Enfant au cœur aimant, toujours ton front se penche,
  Pur et mignon,
Sur ton doux épagneul, dont la robe est si blanche
  Et l'œil si bon.
Laisse-le, viens à moi : je t'apporte à main pleine
  De belles fleurs,
Ces lis ont ta blancheur, ces roses ton haleine
  Et tes couleurs.

Veux-tu ces frais muguets? ce sont les perles fines
  De nos gazons,
Comme nos blonds enfants sont les perles divines
  De nos maisons.
Veux-tu ce nid d'oiseaux, gîte d'herbe et de soie
  Dans les buissons,
Ce beau nid, seul logis toujours rempli de joie
  Et de chansons.

Mais rien ne t'éblouit, tu caresses de même
  Ton chien soyeux ;
S'il ne sait pas chanter, il sait dire « je t'aime, »
  Avec ses yeux.
L'oiseau n'est qu'une lyre, et la fleur qu'une grâce
  Qu'on foule au pied ;
Mais ton épagneul blanc, que ton bras frais enlace,
  C'est l'amitié !

Anaïs Ségalas.

A PROSPER DELAMARE.

Dans un billet assez brief,
Vos vers de piquante structure
M'ont bien annoncé quel grief
Commet envers vous la nature ;
Mais, ou trop précoce ou trop bref,
Il oublia de nous apprendre
Qu'un arrêté très-bon à prendre
Venait de vous nommer sous-chef.
Celui qui dans la haute sphère
Des récompenses tient la clef,
A voulu rendre par ce bref
Justice à votre savoir-faire ;
Mais votre esprit qui tient en fief
Les redevances de la *Muse*,
Des œuvres dont le goût s'amuse
Tire encore un plus grand relief;
Si donc, d'un juste élan saisie,
La main de sable portant nef (1)
Comptait vos droits de bourgeoisie,
Vous auriez été nommé chef
Au bureau de la poésïe !

J. Lesguillon.

(1) On sait que la ville de Paris porte un vaisseau dans ses armes

LE PREMIER BERCEAU,

à Madame Jules Aragon.

Que fut le premier berceau ?
Un nid d'herbes et de mousse
Caché dans un arbrisseau ?..
La fourrure épaisse et rousse
D'un lion ou d'un taureau ?..
Ou la toison blanche et douce
     D'un agneau ?

Fut-ce d'abord, et pas plus,
Un amas de feuilles sèches
Où dormaient les enfants nus ?..
Peut-être un lit de fleurs fraîches
Et des plumes par dessus ?..
Ou bien eûtes-vous des crêches,
     Doux Jésus ?..

Le premier berceau de tous,
Au fond d'une humble chaumière
Se retrouve encor chez nous.
Heureux l'enfant qui naguère
Eut ce berceau simple et doux :
Le sein, les bras d'une mère,
     Ses genoux.

Alexandre FLAN.

REPROCHE D'EPICTÈTE.

A ceux qui oublient Dieu.

Tout retentit de ces paroles :
QUE LE SEIGNEUR EST GRAND !
Vous êtes ingrats et frivoles
Puisque vers lui votre cœur ne se rend.
— Quoique vieux et boîteux, infirme
Et malheureux à n'avoir rien,
Je crie : il est bon, je l'affirme !
Il est l'unique bien !..

Gaspard RABEYRIN.

LA JEUNE FRANCE,

I.

Voyez-vous cette jeune France
Qui d'un air si hardi s'avance,
Et qui ne vous regarde pas ?
Qui malgré sa grande ignorance
Discute avec tant d'assurance,
Car, en elle, elle a confiance,
Voyez-vous ce triste ramas
De gens grognons même à la danse ?
Aucun ne sait bien ce qu'il pense.
Chez eux mes amis ne sont pas.
Dans leur esprit d'indépendance
Se moquant de la bienséance,
La paresse étant leur essence,
Ces Messieurs ne se gênent pas.
Ennuyeux, ennuyés je pense,
Ils en ont toute l'apparence

Avec leurs pipes, leurs sofas,
Où, couchés d'un air d'indolence,
Ils semblent las de l'existence.
Je vous en donne l'assurance
Chez eux mes amis ne sont pas,
Dans toute cette triste engeance
Mes amis ne se trouvent pas.

II.

Mais voyez cette jeune France
Toujours pleine de déférence
Pour la vieillesse aux petit pas ;
Fidèle à l'antique croyance
Elle connaît la bienfaisance,
Et sait suivant la circonstance
Prendre aussi gaîment ses ébats,
Chacun vente sa prévenance,
Son ton poli, son air d'aisance,
D'amis elle m'offre un amas.
Modeste, malgré sa science,
Elle est de la jurisprudence
La plus douce et ferme espérance ;
Ces poètes, ces avocats,
Chez qui règne un ton de décence,
De simplicité, d'éloquence,
Et qui ne font point d'embarras,
Ce jeune troupeau qui s'élance
Dans la carrière et dont la France
Sera fière, on le voit d'avance,
D'amis m'offre un heureux amas,
Oui j'aime cette jeune France ;
A tous ne plairait-elle pas ?

Sophie BALLYAT.

L'ENTRÉE A L'ECOLE

Poésie de Mr J. LESGUILLON.

Musique de Mr HOMMEY
Prof. au Conservt. Imp. de Toulouse

Conservons dans notre mémoire
Ce que les temps passés avant nous ont écrit ;
Est-il pour un enfant une plus belle gloire !
Il élève son âme et forme son esprit.

Écoutons leur expérience !
La vie a pour trésor ce que jeune on apprend ;
Lorsqu'au cœur du petit pénètre la science ;
Jeune homme, on est meilleur ; homme, on devient plus grand !

A EUGÈNE NYON.

Je suis bien loin, mon cher, d'être un archéologue.

Je ne prendrai donc pas d'air pédant, de ton rogue,
Pour te décrire un bloc tiré d'Herculanum,
Un sesterce sorti des fouilles du Forum,
L'exergue retrouvé d'une médaille fruste.

Je n'ai pas ton amour de l'ancien. — C'est tout juste
Si je distinguerais le romain du gaulois.

Toi, qui lis le passé sur le marbre ou le bois,
Tu comprends que l'on cherche un sens à l'hiéroglyphe,
Qu'on épèle à grand'peine un nom que le temps biffe :
Témoin ton salon plein de mille objets épars,
Glorieux survivants du naufrage des arts.

8

Mais tu crois qu'un ami des trouvailles antiques
Ne doit pas être un âne entouré de reliques...
Or je veux avec toi gloser de Monsieur X,
Qu'en archéologie on pose en vrai phénix.

Bref ! *aux Inscriptions et Belles lettres*, comme
On prônait devant moi les titres de notre homme,
Qui pourtant traduirait, ainsi que CALINO, (1)
Par Porte-Saint-Denis *Ludovico Magno*,
Je lui dis : Laissons là crypte médaille et chartre.

A Paris, tout en haut du vieux faubourg Montmartre,
On trouve, dans la cour d'une ancienne maison, (2.)
Un monument dont nul ne peut avoir raison.

C'est un Bacchus barbu qu'on sculpta dans la pierre.
Couronné de raisins et de feuilles de lierre,
L'œil mi-clos par l'ivresse et le front réjoui,
Vous lui diriez : Buvons ! qu'il vous répondrait : Oui.
Le plaisir et le vin ruissellent sur son masque.

Au dessous de sa face est une large vasque.

Au dessus un rébus, digne d'un immortel,
Rébus indéchiffrable et que voici tel quel :

LEMA UVA ISTEM SMEFA ITCRAC HER.

Mon savant l'ayant lu, dit : « Aux jambages sveltes
« De ces mots ignorés, je reconnais les Celtes ;

(1) Type de Jocrisse, en vogue dans les ateliers de Paris.
(2) Rue Rochechouart, n° 45.

« Non, c'est du polonais, du copthe, ou du chinois,
« Ou de l'hébreu ; du tout, c'est du carthaginois...
« L'Institut y perdrait son latin ! — Que l'on charge
« Une commission, dont chaque membre émarge,
« De déchiffrer ces mots antédiluviens ;
« Quant à moi, j'ai déja donné ma langue aux chiens. »

— Eh bien ! mon cher monsieur, sans amphibologie
Je vais faire avec vous de l'archéologie
Qui ne remonte point à la tour de Babel.

Rébus contemporain fait par Pétrus Borel,
Ce Bacchus reçoit l'eau du ciel et des gouttières
Par un tuyau de zinc enfoui dans les lierres
Finissant à sa bouche ; et, s'il pleut, on peut voir
Le dieu du vin, servant à l'eau de réservoir,
Rejeter à longs flots ce liquide peu digne
De l'inventeur du thyrse où s'enroule la vigne.

Or les mots qu'au dessus du dieu Bacchus on lit,
Ces mots devant lesquels plus d'un savant pâlit,
Ce sont des mots français qu'en ses gaietés françaises
Borel a séparés, pour rire des Saumaises.

Lisez-les couramment, sans plus longtemps chercher :

« LE MAUVAIS TEMPS ME FAIT CRACHER. »

En effet, lorsqu'il pleut, quand l'horizon se tache
De gros nuages noirs, le pauvre Bacchus crache,
Crache toujours... — Et même on voit le dieu divin
Mêler des pleurs de rage à l'eau de son bassin.

Qui demeura penaud ? — mon triste archéographe,
Mon pseudo-numismate, ami de l'épitaphe,
Qui, honteux et confus, vit, du premier coup d'œil,
Qu'il fallait renoncer aux chances du fauteuil.

A ce bon Monsieur X, qu'avec moi tu condamnes,
Dis que le Pont-des-arts n'est pas le pont aux ânes.

Alexandre FLAN.

LES OISEAUX.

N'aimez-vous pas le chant de la fauvette,
  Ce chant si doux,
Ce chant si pur, que la brise émiette
  . Des bois, sur vous?..

N'aimez-vous pas sa joyeuse cadence
  Qui, le matin,
Sort du bosquet, du taillis qui s'avance
  Sur le chemin?..

N'aimez-vous pas ce chant qui dans l'espace
  Glisse joyeux
Comme un soupir, comme un baiser qui passe
  Mystérieux?..

N'aimez-vous pas, n'aimez-vous pas encore
  Son nid charmant
Où sont cachés ses œufs qui vont éclore
  Dans un moment?..

Ah ! voyez donc ces petits qui sommeillent.
　　Les yeux fermés,
Puis, tout près d'eux, les parents qui surveillent
　　Leurs bien-aimés !...

Voyez encor l'alouette qui vole
　　Dans le ciel bleu ! .
Ah ! voyez-la, dans sa course si folle,
　　Monter vers Dieu...

Voyez, plus loin, la charmante colombe
　　Et le ramier ;
Puis, cet oiseau qui plane et puis qui tombe.....
　　C'est l'épervier !

Voyez encor la joyeuse hirondelle,
　　Le gai pinson,
Le merle noir, la blanche tourterelle
　　Dans un buisson.

N'aimez-vous pas l'harmonieux ramage
　　De ces oiseaux ?
N'aimez-vous pas leur éclatant plumage,
　　Leurs chants si beaux ?

Moi, je me sens l'âme toute attendrie,
　　Quand je les vois
Voler au loin, sur la verte prairie,
　　Ou dans les bois !...

Des passions je dompte alors la flamme,
　　Et le bonheur
Vient doucement se glisser dans mon âme
　　Et dans mon cœur !...

Petits oiseaux, volez, volez sans crainte,
     O mes amours !
Volez, chantez, sans peur et sans contrainte,
     Chantez toujours!...

Baron de Ville d'Avray,
Membre de la Société de l'Union des Poètes,

A MADAME HERMANCE LESGUILLON.

Sonnet.

Ma mère à mon berceau n'a pas vu cette muse
Qui d'un regard propice aux poètes sourit ;
Jamais un professeur, à la science infuse,
Ne vint m'apprendre, enfant, ce qu'enfant il apprit.

N'affectons pas les dons que le ciel nous refuse ;
Mais j'ai l'âme sensible au charme qui me prit ;
Et si mon gros bon sens sur ce point ne m'abuse,
C'est assez d'un cœur vrai pour bien juger l'esprit.

L'esprit est votre lot, attrait doux et suprême,
Plus fort que le génie et que la grâce même ;
Chacun des trois, en vous, s'unit pour inspirer !

Qu'un plus brillant que moi dispute la victoire !
Vous bien apprécier peut suffire à ma gloire ;
Et c'est un grand talent que savoir admirer !

MAYETTE.

LE MOIS DE MARIE.

Poésie de Mᶠᶠᵉ Eugénie BÉCHEYRAS.

Musique de Mᶠ LE BEL
Professeur au Conservᵗᵉ Impᵗᵉ de Paris

Forme-nous, Vierge sainte, à ta Divine image
Et que chacun ici devienne ton enfant;
apprends-nous à parler le céleste langage
Qui peut plaire à ton fils, le Seigneur tout-puissant!

Préserve les chrétiens, sainte Vierge Marie
Du péché qui toujours met notre âme en péril;
Que tous, ils puissent voir la céleste patrie,
Le séjour Du bonheur après les jours D'exil!

Dans ce saint lieu,
L'âme ravie
Rend gloire à Dieu,
Grâce à Marie.

Dans ce saint lieu,
L'âme ravie
Rend gloire à Dieu,
Grâce à Marie.

LE MOIS DE MARIE.

Poësie de Mᵐᵉ Hermance LESGUILLON.

Musique d'Edouard BATISTE
Professeur au Conservᵗᵉ Impᵉˡ de Paris

ter......re longtemps fle tri......e re nait Dans ses vi...ves con...

ter....re longtemps fle tri......e re nait Dans ses vi...ves con...

leurs.

Enfants chrétiens fêter Ma ri e cres...

leurs. Enfants chrétiens fê...ter Ma...ri ...e... cres...

renait Dans ses vi...ves contemp...cres.

En...fants chrétiens fê...ter Ma...ri...e a...vec vos âmes et les

En...fants chrétiens fê...ter Ma...ri...e a...vec vos âmes et les

fleurs a...vec vos â...mes et les fleurs.

fleurs a...vec vos â...mes et les fleurs.

Des bouquets qui viennent D'éclore
Embaumer son autel Divin!
Celui qui l'aime et qui l'implore
Ne l'appelle jamais en vain!
En ce jour la foule attendrie
La trouve plus douce aux douleurs!
Enfants chrétiens, fêtez Marie
Avec vos âmes et les fleurs!

Sur l'humanité tout entière
Elle aime à répandre ses Dons,
Par Des grâces pour la prière,
Pour les fautes par Des pardons.
L'Enfant-Dieu qu'elle adore et prie
Ne refuse rien à ses pleurs:
Enfants chrétiens, fêtez Marie
Avec vos âmes et les fleurs!

LA TRAVERSÉE.

A Madame Anaïs Ségalas.

I

Votre nom brille, ô Muse ; et, par un doux penchant,
On a dû, mainte fois, le broder sur la toile.
Sous ses auspices j'ose aventurer mon chant ;
Ainsi fait le marin, quand il met à la voile :
     Il se recommande à l'étoile.

II

    Voyager, fut, à peine unis,
    Notre pensée unique et folle.
    Quand l'aile est poussée, on s'envole :
    Adieu, les parents, les vieux nids !
    — L'hymen fait notre délivrance !
    Cherchons, disions-nous, d'autres cieux !.....
    Nous nous embarquâmes, joyeux,
    Sur le navire : *l'Espérance.*

    —Périlleux sera notre essor,
    Dit le commandant du navire !
    Voulez-vous que de bord on vire ?
    Parlez ! il en est temps encor !
    — Commandant, marche à toute outrance !
    Nous irons où naît l'acajou,
    Où la perle abonde, au Pérou.....
    Nous irons où va *l'Espérance !*

Zéphir en poupe, azur au ciel,
L'alcyon perché sur la hune,
Nous partîmes..... Soleil et lune
Nous versaient des rayons de miel...
Une île, de rose apparence,
S'offrit, d'abord, en notre cours.
Or, c'était l'île des amours....
Là, fit relâche *l'Espérance* :

Que d'oiseaux de toutes couleurs !
Les beaux sites ! les beaux ombrages !
Les *cases*, rustiques ouvrages,
Pour meubles n'avaient que des fleurs...
— Baste ! après Tibur est Florence !
Les chaumes d'ici, quittons-les !
Nous aurons, plus loin, des palais !
En route ! en route *l'Espérance !*

Des palais?... Non ! mais un récif !
L'autan, pire que le corsaire,
Sur l'affreux banc de la misère
Fit échouer l'ardent esquif.
Naufragés, quelle âpre souffrance
Nous est échue !.... et, cependant,
Nous sourions, en attendant
Qu'on remette à flots *l'Espérance.*

A l'œuvre, malgré froid et vent,
Nous veillons...... pour changer de rive....
Les mois s'écoulent ; l'âge arrive,
Et nous avons un cher enfant !..

Que, pour lui, nous sommes en transe !
Atteindra-t-il meilleur séjour,
S'il s'embarque, lui-même, un jour,
Sur le navire : *L'Espérance* ?

III

Espérance, que tous chantent sur le même air,
Fleur, qu'on tient même alors qu'on tombe au gouffre amer,
Tu restes à l'auteur, naufragé de la gloire,
Qui jette au froid public son œuvre, pour mémoire,
    Comme une bouteille à la mer !

Prosper DELAMARE.

B, A, BA.

Sitôt que je fus au monde
A l'école on m'envoya
Dans une salle profonde
Où mon esprit s'ennuya,
Il fallait toujours apprendre
Et lire sans décesser ;
Je ne pouvais rien comprendre,
Il fallait recommencer.

  B, a, ba ; b, i, bi ;
    Je préfère
    Ne rien faire,
  B, a, ba ; b, i, bi ;
  Je ne peux lire ceci.

Au bout de quelques semaines
De moi le maître est inquiet ;
Il voit que malgré ses peines
Les leçons sont sans effet ;
Il me met en pénitence
Avec un psaume à la main,
Et me dit : « Pour récompense,
« Tu l'apprendras jusqu'à la fin. »

Contre ma brute ignorance
Le maître criait en vain,
Et n'ayant d'autre espérance
Voulut me faire écrivain.
Mais ce travail m'importune
Encor plus que le premier,
Je jette au diable ma plume
Et je me prends à crier :

Un matin, jour de vacance,
Le maître passa chez nous ;
Vers lui mon père s'avance,
Dit tout bas : — Qu'en pensez-vous ?
— Rien de bon, répond le maître,
Si non que c'est un vaurien.
— Bah ! fit mon père, peut-être,
Je le corrigerai bien...

 Oh ! la, la ! qu'est ceci ?
  Ah ! mon père,
  Je préfère
 Tout apprendre, Dieu merci,
Qu'être battu par vous ainsi.

Célestin GAUTHIER,

L'HIRONDELLE ET LE MOINEAU.

Au doux réveil des blancs lilas,
A l'heure où tout semble renaître,
Une pauvre hirondelle, hélas !
Se lamentait sous ma fenêtre.
Là, dans son nid, moelleux berceau,
Tendre souvenir de famille,
Se prélassait un vil moineau,
Comme une moule en sa coquille.

Moineau ravisseur
Troublant le bonheur
De l'oiseau fidèle,
Laisse l'hirondelle
Reprendre son nid
Béni.

La messagère des beaux jours,
En gazouillant sa plainte amère,
Lui dit : Crois-tu souiller toujours
L'asile d'une bonne mère ?
Oser m'en priver ! quand j'attends
Du ciel une aide tutélaire,
Du ciel, qui donne le printemps,
Le nid, la plume et la lumière.

Mais survient le vengeur vautour,
Qui du moineau fait sa pâture,
Et l'hirondelle au nid d'amour
A ses gais nourrissons murmure:

Ah ! des injustes appétits
Vaines sont les ruses cruelles,
Car Dieu qui prend soin des petits,
Dieu, toujours veille sur vos ailes.

Berlot-Chappuis.

SONNET.

A Monsieur et à Madame J. C. Blain.

Ce que j'aime !... ce ne sont pas ces murs gothiques,
Ces remparts renversés, ces tours, ces vieux portiques,
de l'antique Beaujeu rappelant les splendeurs
    Et les riches seigneurs ;

Ce ne sont pas non plus ces coteaux magnifiques,
Sous la vigne cachant de nombreux toits rustiques ;
Ce ne sont pas vos vins, tous, ici comme ailleurs,
    Proclamés les meilleurs.

Au-dessus de l'histoire et de l'architecture,
Des produits merveilleux de toute la nature
    En sa fécondité,

Je place haut, bien haut, les qualités de l'âme !
Donc au-dessus de tout, j'aime, Monsieur, Madame,
    Votre hospitalité !

Chervin aîné.

CONCOURS

DE

POÉSIE.

Lyon, le 10 mai 1860

ı Monsieur le Directeur,

Vous avez soumis au Comité de lecture de la Société d'éducation le jugement du concours poétique ouvert par la *Muse des Familles* en 1860, sur un sujet digne de votre estimable publication : « CE QUI REND L'ENFANT AGRÉABLE A « DIEU, ET A LA FAMILLE. » Le Comité, ayant accepté cette tâche honorable avec l'agrément de la Société, a commencé par distribuer entre ses membres les vingt-deux pièces présentées au concours ; puis il s'est réuni le 26 avril afin de confronter les appréciations et arrêter sa décision.

Dix-neuf des concurrents ont été écartés, malgré leurs qualités diverses, soit à cause de leurs incorrections de versification ou de langage, soit surtout parce qu'ils n'avaient fait qu'effleurer le sujet proposé.

9

Les trois ouvrages qui restaient retenus par le Comité, portaient :

Le 1er, le n° 1, avec l'épigraphe : *Les enfants... Ce sont des voix qui vont à Dieu* (Victor HUGO.)

Le 2e, le n° 4, avec l'épigraphe : *Laissez venir à moi les petits enfants...*

Le 3e, le n° 21, sans épigraphe.

Le n° 1 avait plusieurs chauds partisans, qu'il devait à son étendue dénuée de longueurs, riche de préceptes positifs, énoncés avec la clarté et la précision de P. Syrus ou de Morel-Vindé ; nul n'avait traité plus complètement le sujet ; c'était un vrai manuel de l'écolier chrétien. Malheureusement le temps avait évidemment manqué à l'auteur pour mûrir suffisamment son œuvre, jusqu'à y faire éclore l'inspiration poétique ; et notre prévision n'a été que trop justifiée, quand il nous a été permis d'ouvrir le pli cacheté, et que nous y avons reconnu, avec une émotion profonde, un des noms les plus chers à la Société d'éducation, le fils de l'un des membres qui lui font le plus d'honneur et lui rendent le plus de services, M. Jean-Baptiste Brun, mort à la fleur de l'âge, il y a quelques mois à peine. Il nous est doux de déposer quelques fleurs sur sa tombe, en regrettant de n'en pouvoir faire une couronne.

Le n° 4, au contraire, n'a point abordé les détails ni par conséquent les difficultés du sujet. Mais il se distingue entre tous par le talent poétique, par l'éclat et la vivacité des images, par la variété des coupes et des rhythmes toujours appropriés aux pensées. Nous nous sommes peu arrêtés à quelques légères incorrections de style : mais ce qui nous a paru plus grave, vu le but positif assigné au concours, c'est l'élévation même où l'auteur du n° 4, M. Alexandre Flan, (de Paris), s'est placé et soutenu. Nous avons craint que son dithyrambe ne fût pas assez à la portée des enfants, qu'ils ne pussent l'apprendre par cœur et donner ainsi à notre jugement et à l'œuvre la sanction la plus douce et la plus glorieuse tout ensemble.

Ces considérations ont ramené tous les suffrages au n° 21 : conseils d'une vraie sœur à un vrai petit frère, assez détaillés pour le rendre meilleur, assez sobres pour se graver dans sa mémoire en même temps que dans son cœur; claires comme le jour par leur délicate simplicité, poétiques à force de tendresse, ces jolies stances ont ravi l'unanimité du Comité, malgré quelques inexactitudes faciles à réformer.

D'un commun accord, il décerne le prix que vous avez bien voulu offrir au vainqueur, Monsieur le Directeur, à Mlle V. BULAINE (de Belley.)

Permettez-nous maintenant, Monsieur, de vous féliciter au nom de l'éducation et de la poésie, d'avoir ouvert cette lice honorable, où les concurrents se sont empressés d'accourir de tous les points de la France, et veuillez agréer l'assurance de considération très distinguée, avec laquelle j'ai l'honneur d'être, Monsieur le Directeur, votre très humble et très dévoué serviteur,

Louis GUILLARD,
Président de la Société d'éducation.

La *Muse des Familles* a reçu avec la plus vive reconnaissance, pour elle et pour ses abonnés, le rapport intéressant qu'on vient de lire. Elle s'est empressée d'en remercier la Société d'éducation dans l'homme éminent qui la préside. Si le patronage de cette Compagnie savante est pour notre publication une douce récompense de ses efforts à stimuler les poètes, à leur ouvrir une voie dont la perspective fasse éclore des talents qui souvent resteraient ignorés, ce patronage est aussi une obligation pour nous de persévérer, d'avancer résolûment dans la route que la *Muse des Familles* s'est tracée.

Le modeste concours qu'elle avait ouvert a réuni vingt-deux manuscrits formant ensemble la matière de quatre gros volumes. Il y a eu sans doute dans les quatre à cinq mille vers qu'ils contiennent beaucoup d'ivraie à séparer du bon grain. L'inspiration manquait aux uns, aux autres la pensée, à plusieurs la manière de la rendre. Mais en général que d'espérances à concevoir d'une réunion si heureuse d'efforts, de bonne volonté, de religieuses aspirations, d'amour pour la famille ! Quel intéressant tableau de l'enfance, quelles touchantes et gracieuses expressions de la tendresse maternelle ! Le travail, le succès doivent nécessairement perfectionner, couronner de semblables éléments de bien.

Il faut le reconnaître ; ce qui a attiré un si grand nombre de concurrents dans la lice, ce n'était pas la valeur du prix offert au vainqueur : une épingle en or ! C'est le souvenir de ce tournoi littéraire, c'est l'honneur d'être couronné par la Société d'éducation de Lyon, qui ont souri à l'ambition des poètes. Nous avions prévu tout cela, et nous sommes heureux d'avoir vu nos espérances réalisées. Ce succès n'est-il pas une preuve de ce besoin des âmes d'arriver au bien ? Ne donne-t-il pas une idée de ce que l'on peut en France pour la moralisation et la civilisation, en France où suffit de montrer un but glorieux pour que partout on cherche à l'atteindre !

La Rédaction.

CE QUI REND L'ENFANT AGRÉABLE A DIEU
ET A LA FAMILLE.

A mon frère.

Embrasse-moi, bon petit frère ;
Viens un instant sur mes genoux :
Je t'apprendrai ce qu'il faut faire
Pour plaire à Dieu, pour plaire à tous.

Tu dis : je voudrais être sage
Comme les anges dans les cieux ;
Tu le pourrais ; car à ton âge
Enfant, on leur ressemble mieux.

Ton pied n'a pas touché la fange
De notre monde corrupteur.
Ainsi que les ailes d'un ange
Ton âme a gardé sa blancheur.

Bien souvent sur tes lèvres roses
Le nom de Dieu vient se placer ;
Tu sais qu'il a fait toutes choses,
Et que seul on doit l'encenser.

Tu sais bien que c'est lui qui donne
A l'enfant qui croît sous ses yeux,
Une mère attentive et bonne,
Un père tendre et sérieux.

Des cieux tu sais qu'il fit les voiles,
Qu'il y mit le soleil qui luit,
Et qu'il y sema les étoiles,
Diamants qui parent la nuit.

Les fleurs que tu trouves si belles,
Tu le sais, tombent de sa main ;
Chaque jour en voit de nouvelles
S'épanouir à son matin.

Tu sais qu'il fit les notes pures
Qui de l'oiseau forment la voix,
Que les ruisseaux aux doux murmures
Dans leurs pentes suivent ses lois.

Tu sais que vers lui les prières
Montent en s'exhalant du cœur,
Que tout en dirigeant les sphères,
Il veille sur notre bonheur.

Voilà la suprême science ;
Conserve-la, charmant enfant ;
Le ciel l'accorde à l'innocence,
Souvent la refuse au savant.

Pour qu'elle reste dans ton âme,
Sois toujours sage et toujours pur.
Ta mère est une noble femme,
Interroge ses yeux d'azur.

Sans cesse tu pourras y lire
Ton doux et facile devoir.
Demande-lui ce qu'il faut dire,
Les mains jointes matin et soir.

Si d'un monde impie et frivole
Les discours venaient jusqu'à toi,
Si quelque imprudente parole
Blessait ou ton cœur ou ta foi ;

Oh ! recours encore à ta mère,
Et tu ne t'égareras pas ;
Enfant, crois-moi, sa main légère
Toujours saura guider tes pas.

Dieu met à côté de l'enfance
Pour la diriger vers le bien,
Pour protéger son innocence,
Une mère, un ange gardien.

La mère prie et l'ange veille,
L'une sur terre et l'autre aux cieux :
Quand tu marches, quand tu sommeille,
Sur toi toujours ils ont les yeux.

Il est une autre voix encore
Qu'il faut et croire et respecter,
Voix plus grave, voix plus sonore,
Que Dieu commande d'écouter.

Car en son nom le père ordonne ;
C'est de lui qu'il tient le pouvoir.
Il gronde, enfant, mais il pardonne ;
L'aimer est aussi ton devoir.

Obéis donc ; l'obéissance
Est la première des vertus
Que l'on découvre dans l'enfance
De celui qu'on nomma Jésus.

Si de quelque faute légère
Tu sens parfois le repentir,
Souviens-toi, mon bien-aimé frère,
Que jamais il ne faut mentir.

Qu'un noble aveu soit sur ta bouche,
Cela te portera bonheur :
La sincérité plait et touche,
Le mensonge à tous fait horreur.

Ce n'est pas encor tout, mon frère :
Fais quelquefois la charité ;
Tant d'enfants sont dans la misère
Autour de toi, l'enfant gâté.

L'hiver ils souffrent la froidure,
Chez eux l'âtre est toujours sans *feux*;
Même ils manquent de nourriture ;
Prends pitié de ces malheureux.

Dis-leur quelque douce parole,
Et mets dans leur petite main,
Quand tu le pourras, une obole
Pour qu'ils puissent avoir du pain.

Et Dieu te bénira, mon frère.
Pour lui plaire, comprends-le bien,
Il faut qu'obéissant, sincère,
Tu l'aimes et fasses le bien.

Et d'être aimé de ta famille
Tu mériteras le bonheur ;
Et moi, timide jeune fille,
Je serai fière d'être sœur.

Mlle V. BULAINE.

CE QUI REND L'ENFANT AGRÉABLE A DIEU ET A LA FAMILLE.

I.

L'aurore ouvre les cieux comme un vaste rideau,
La rosée à la fleur suspend sa goutte d'eau
    Dont le soleil fait une perle ;
Le coq dit son refrain aux horizons jaunis,
On entend frissonner les ruches et les nids,
Le bruit va grandissant comme un flot qui déferle.

Les cœurs montent vers Dieu. — Le monde tout entier,
Au sortir de la nuit, n'a qu'un devoir : prier.
    Prêtre du Christ, Brahmine ou Bonze
Célèbrent l'Eternel qui crée un jour nouveau ;
La cloche matineuse, au plus humble hameau,
Epèle l'angélus dans son livre de bronze.

L'enfant sage se met à genoux près du lit,
Joint ses petites mains, et dans ses yeux on lit
    Sa foi naïve et son extase ;
Il prie... et sa prière arrive jusqu'au ciel.
C'est pour lui que la mouche a des rayons de miel,
C'est pour lui que l'oiseau sur le bord du nid jase.

Le voilà bondissant comme un franc écolier,
A sa mère qui rit ses bras font un collier
    Et ses baisers une couronne ;
Et le père a sa part de ce réveil si doux,
Mais l'aïeul avant lui..; — car grand père est jaloux
Et compte les baisers qu'aux autres l'enfant donne.

A l'œuvre les esprits, à l'ouvrage les mains !
Les grands chariots pesants sillonnent les chemins,
    Sur son labeur chacun se penche ;
Le pâtre et la brebis ont quitté le bercail,
Le soleil est levé, c'est l'heure du travail ;
Semaine bien remplie amène un beau dimanche.

« A l'école, mon fils ! » — L'enfant part, il sourit
A l'arbre qui verdoie, au buisson qui fleurit,
    Il dit bonjour même au brin d'herbe ;
Il fait place au vieillard fier d'être vénéré,
Il salue en passant la maison du curé,
Et comme une chanson va récitant son verbe.

Il rencontre un petit de son âge, — de ceux
Qui portent à la classe un esprit paresseux :
    « Crains la paresse et son ornière ;
« Ami, viens travailler... contente tes parents...
« Songes qu'il faut apprendre... Un jour nous serons grands,
« Et tu regretterais l'école buissonnière. »

De retour au logis, il trouve sur le seuil
Une femme en haillons ; il s'émeut à ce deuil,
    Son cœur est bon, son âme est bonne :
« Entrez, pour vous ma mère aura quelques habits,
« Une tasse de lait, un morceau de pain bis,
« Et je vous donnerai l'argent qu'elle me donne. »

• • • • • • • • • • •

II.

Le soir vient. — Le soleil aux splendides clartés
Empourpre l'horizon... — Dans les immensités

Le crépuscule étend ses voiles ;
On entend s'apaiser la lointaine rumeur
Des troupeaux regagnant la ferme... — Le jour meurt,
Et l'on voit dans le ciel s'allumer les étoiles.

Phares guidant nos cœurs vers les célestes ports,
Astres, n'êtes-vous pas les yeux vivants des morts ?
 Votre lueur brille si donce.
Ne regardez-vous pas, la nuit, du haut des cieux,
Le cimetière, objet de nos respects pieux,
Et les fleurs de la tombe... étoiles de la mousse ?

L'enfant sage — le soir — comme il fit le matin,
S'agenouille et se met à prier... — Le latin
 N'est pas pour lui chose assez claire ;
Il dit tout simplement : « Bénissez-moi, Seigneur...;
Seigneur, bénissez-moi ; je vous donne mon cœur. »
Et le bon Dieu sourit à cette humble prière.

. . . .

III.

'Tout bruit est mort...
Comme l'oiseau qui met la tête sous son aile,
 L'enfant s'endort ;
Un ange à son chevet se place en sentinelle
Et sur lui fait pleuvoir de la voûte éternelle
 Des perles d'or.

Dans ce rêve étoilé brillent les auréoles,
 Reflet de toutes les vertus,
Nimbes que le ciel pose au front pur des élus
Et l'ange gardien chante à l'enfant ces paroles :

« Quand Paul se rend-il agréable à Dieu ?
« Quand Paul se rend-il cher à la famille ?
« C'est lorsqu'à genoux il prie avec feu,
« C'est lorsqu'en son cœur la piété brille.

« C'est lorsque, fidèle aux commandements,
« Il sait, le cœur plein de reconnaissance,
« Payer en sagesse, en baisers charmants,
« Les soins qu'a reçus sa première enfance.

« C'est lorsque, puisant dans son livre ouvert
« La science, il est du temps économe ;
« Par le travail seul la vertu s'acquiert ;
« Par le travail seul l'enfant devient homme.

« C'est lorsque le pauvre à ses dons a droit,
« C'est lorsque l'enfant lui rend l'espérance ;
« Avoir avec lui faim, avec lui froid,
« Prendre en son fardeau sa part de souffrance...

« C'est souffrir avec Jésus, qui porta
« Sa peine pour nous, pour la terre entière ;
« Lorsque la misère a son Golgotha
« La charité doit monter au Calvaire...

« Et par ses bienfaits adoucir les maux
« Des crucifiés du sort !.. — Dieu pardonne
« A qui, tout ému, console en deux mots,
« A qui fait le bien, à qui fait l'aumône.

« Mais l'enfant surtout, disposant de peu,
« Généreux quand même à tout pleur qui brille,
« Est par ses bienfaits agréable à Dieu,
« Est par sa bonté cher à la famille. »

Alexandre FLAN.

CE QUI REND L'ENFANT AGRÉABLE A DIEU
ET A LA FAMILLE.

Chers enfants, je vous aime, et quel cœur assez dur
N'aimerait pas en vous ces traits que rien d'impur,
Rien de faux ne dépare ? Oui, j'aime votre enfance,
Age fait pour le bien, où tout est innocence,
Tout est reflet du ciel. Mais, pour être pareils
A vos frères d'en haut, écoutez les conseils
Qu'un de vos bons amis a cru les plus utiles,
Pour vous mener au bien, pour vous rendre dociles
Et dignes qu'on vous aime. Enfant, à ton réveil,
Pense d'abord à Dieu, vois son brillant soleil ;
Tout ce qu'il a créé te porte à la prière :
Il te faut donc prier, et d'abord pour ta mère,
Afin qu'elle ait santé, contentement du cœur,
Afin que nul chagrin ne trouble son bonheur.
Prie aussi pour ton père ; il te donne sa vie ;
Qu'il trouve le bonheur dans sa famille unie.
Pour tes parents absents, pour un frère, une sœur,
Adresse une prière et donne à Dieu ton cœur.
Après Dieu, cher enfant, tu te dois à ta mère ;
Cours, reçois son baiser, la vie est plus légère,
Quand une mère a dit : « Va, mon fils, sois béni ! »
Oh ! cette voix au cœur fait un bien infini.
Que le travail alors doit paraître facile !
Comme ensuite au plaisir, aux jeux on est agile !
Conserve bien longtemps cet ange gardien
Qu'un Dieu bon te donna, pour te conduire au bien :
Entoure-la toujours de soins, de prévenance ;
Pour son amour c'est peu que cette récompense.
Sois docile à ta mère, à ton père soumis ;
Respecte-les : tous deux sont tes meilleurs amis.

Dieu plaça près de toi des compagnons d'enfance ;
C'est ton frère, ta sœur ; prête-leur assistance.
Sois bon, sois prévenant ; tous vous serez heureux.
Sois parfois leur mentor, et prends part à leurs jeux.
Ne sois pas égoïste et pour rendre service
A tes petits amis, fais quelque sacrifice.
Dieu, ta mère, de toi tous seront plus contents,
Tu deviendras ainsi l'orgueil de tes parents.
Jusqu'ici, cher enfant, au sein de ta famille
Tu passas d'heureux jours, aimé, choyé, tranquille,
Jouissant du présent, sans craindre l'avenir,
Et voilà que bientôt ce bonheur va finir.
Mais sois tranquille, enfant, sois plein de confiance
En ton père, en ta mère, en leur expérience.
Pour mériter un jour d'être considéré,
Pour se créer un nom justement vénéré,
Un homme doit savoir, et pendant son enfance
Il doit étudier, rechercher la science ;
A l'école on apprend à devenir savant.
Ta mère aurait voulu te mener plus avant ;
Mais la tâche était lourde, et partant difficile ;
Elle voulut au moins qu'une main plus habile
Dirigeât son cher fils ; alors on décida
Qu'on choisirait l'école, et ta mère céda.
Accepte cet arrêt avec reconnaissance,
Ami, c'est pour ton bien ; bénis la Providence.
Voilà que désormais tout viendra concourir
A ce qui doit te faire un heureux avenir.
Pars donc le cœur content ; gaîment vas à l'école ;
Profite bien du temps ; car il fuit, il s'envole.
En classe des premiers sois toujours arrivé,
Qu'on reconnaisse en toi l'enfant bien élevé ;
Découvre-toi d'abord, et va prendre ta place,

Doucement et sans bruit, sans déranger la classe.
Apprends bien la leçon qu'il te faudra savoir,
Et quand le maître dicte, écris bien ton devoir.
Cherches-en le vrai sens ; ne crains pas de paraître.
Ignorer quelque chose : interroge ton maître.
Mais évite surtout de rire, de causer ;
A te faire punir ce serait t'exposer.
Travaille avec plaisir, c'est beaucoup pour bien faire.
Au maître, à ses parents, c'est le moyen de plaire.
Qu'on trouve, en tes cahiers, l'ordre et la netteté ;
Donne à ton écriture un air de propreté,
Ton maître est juste et bon, il n'est pas trop sévère :
Seul, l'élève indocile appelle sa colère ;
Enfant, sois-lui soumis, sache t'en faire aimer,
Tâche par tes progrès de t'en faire estimer.
Si quelque penser triste assombrit ton visage,
L'image de ta mère est là qui t'encourage.
Rappelle à ton esprit les avis qu'en partant
Tu reçus de son cœur : tu seras plus content,
Et tu seras plus vite à la fin de la classe.
Après un long travail le repos nous délasse,
Jouis de ce repos ; tu l'as bien mérité
Par ta bonne conduite et ta docilité.
Va te jeter joyeux dans les bras de ta mère,
Vois comme de son fils elle se montre fière ;
Comme elle s'intéresse à tout ce qui s'est dit,
Et comme un gros baiser interrompt ton récit.
Que le plaisir toujours soit le prix de l'étude.
C'est, de régler son temps, une sage habitude
Et qui rend tout facile ; un enfant studieux
D'abord fait ses devoirs, puis il court à ses jeux.
Tu seras cet enfant, ta gaîté sera pure ;
Le plaisir le plus vrai, le devoir le procure.

Sache interrompre à temps un plaisir commencé,
Ce léger sacrifice est bientôt compensé.
Comme on est sans remords, on est exempt d'alarmes,
Et le travail jamais ne fait verser de larmes.
Amasse, il en est temps, des trésors de savoir :
L'esprit est plus actif, plus prompt à concevoir,
La mémoire est plus fraîche au printemps de la vie,
Le besoin de connaître au travail nous convie.
Etudie avec soin la nature et ses lois,
Sur ses mille beautés questionne quelquefois.
Elle offre à tes regards un beau sujet d'étude.
C'est pour le corps, pour l'âme une saine habitude
De faire quelquefois une visite aux champs ;
On revient plus joyeux et plus fort pour longtemps,
Et puis, le cœur aussi souvent au bien s'exerce.
Enfant, tu vis heureux ; un Dieu bon toujours verse
L'aisance, les succès sur tes parents heureux ;
Mais ici près, partout, combien de malheureux
Gémissent succombant sous le poids des misères !
Que d'enfants nus, assis aux genoux de leurs mères,
Demandent vainement quelques morceaux de pain,
Et leur cœur est navré, car ils meurent de faim !
Vois, ils tremblent de froid ; tout en eux intéresse.
Pour aider l'indigent, Dieu donne la richesse :
Enfant, si tu le peux, adoucis leur malheur ;
L'aumône plaît à Dieu, quand elle part du cœur.
Ton ange gardien te voit, et t'encourage ;
Dans le ciel il t'écrit sur sa plus belle page.
Reste toujours pieux ; quand on a Dieu pour soi,
Le monde est impuissant sur nous, sur notre foi.
Adieu, mon cher enfant, ma tâche est accomplie
Si mes conseils au bien ont dirigé ta vie.

Jean-Baptiste BRUN.

LA

MUSE DES FAMILLES

JOURNAL BI-MENSUEL TOUT EN VERS INÉDITS

ILLUSTRATION. — MUSIQUE.

QUATRIÈME ANNÉE

2me LIVRAISON. — 15 JANVIER 1860.

SOMMAIRE.

ADMINISTRATION. On s'abonne chez MM. NICOLAS et Cᵉ, libraires,
place de Bellecour, 6, à Lyon. — 6 fr. par an.

RÉDACTION. Écrire *franco* à M. C. FRAMINET, rue Godefroy, 10, à Lyon.

LA
MUSE DES FAMILLES

JOURNAL BI-MENSUEL TOUT EN VERS INÉDITS

ILLUSTRATION. — MUSIQUE.

QUATRIÈME ANNÉE

3me LIVRAISON. — 1er FÉVRIER 1860.

ADMINISTRATION. On s'abonne chez MM. NICOLAS et Cᵉ, libraires,

place de Bellecour, 6, à Lyon. — 6 fr. par an.

RÉDACTION. Écrire *franco* à M. C. FRAMINET, rue Godefroy, 10, à Lyon.

LA
MUSE DES FAMILLES

JOURNAL BI-MENSUEL TOUT EN VERS INÉDITS

ILLUSTRATION. — MUSIQUE.

QUATRIÈME ANNÉE

4ᵐᵉ LIVRAISON. — 15 FÉVRIER 1860.

HISTOIRE DE FRANCE
POUR LES ENFANTS.

SOMMAIRE.

ADMINISTRATION. On s'abonne chez MM. NICOLAS et Cᵉ, libraires,

place de Bellecour, 6, à Lyon. — 6 fr. par an.

RÉDACTION. Écrire *franco* à M. C. FRAMINET, rue Godefroy, 10, à Lyon.

LA
MUSE DES FAMILLES

JOURNAL BI-MENSUEL TOUT EN VERS INÉDITS

ILLUSTRATION. — MUSIQUE.

QUATRIÈME ANNÉE

5me LIVRAISON. — 1er MARS 1860.

ADMINISTRATION. On s'abonne chez MM. NICOLAS et Cᵉ, libraires,

place de Bellecour, 6, à Lyon. — 6 fr. par an.

RÉDACTION. Écrire *franco* à M. C. FRAMINET, rue Godefroy, 10, à Lyon.

LA
MUSE DES FAMILLES

JOURNAL BI-MENSUEL TOUT EN VERS INÉDITS

ILLUSTRATION. — MUSIQUE.

QUATRIÈME ANNÉE

6me LIVRAISON. — 15 MARS 1860.

SOMMAIRE.

ADMINISTRATION. On s'abonne chez MM. NICOLAS et Cᵉ, libraires,
place de Bellecour, 6, à Lyon. — 6 fr. par an.
RÉDACTION. Écrire *franco* à M. C. FRAMINET, rue Godefroy, 10, à Lyon.

LA
MUSE DES FAMILLES

JOURNAL BI-MENSUEL TOUT EN VERS INÉDITS

ILLUSTRATION. — MUSIQUE.

QUATRIÈME ANNÉE

7me et 8me LIVRAISONS. — 1er et 15 AVRIL 1860.

SOMMAIRE.

ADMINISTRATION. On s'abonne chez MM. NICOLAS et Ce, libraires,

place de Bellecour, 6, à Lyon. — 6 fr. par an.

RÉDACTION. Écrire *franco* à M. C. FRAMINET, rue Godefroy, 10, à Lyon.

LA
MUSE DES FAMILLES

JOURNAL BI-MENSUEL TOUT EN VERS INÉDITS

ILLUSTRATION. — MUSIQUE.

QUATRIÈME ANNÉE

9me LIVRAISON. — 1er MAI 1860.

CONCOURS DE POÉSIE

LAURÉATS.

Mlle V. Bulaine.

M. Alex. Flan.

M. J.-B. Brun.

ADMINISTRATION. On s'abonne chez MM. NICOLAS et Ce, libraires, place de Bellecour, 6, à Lyon. — 6 fr. par an.

RÉDACTION. Écrire *franco* à M. C. FRAMINET, rue Godefroy, 10, à Lyon.

www.ingramcontent.com/pod-product-compliance
Lightning Source LLC
Chambersburg PA
CBHW050015100426
42739CB00011B/2659